JN296244

ケロポンズの
あそびネタ ③

ケロポンズのあそびネタ ③ もくじ

こんにちは
ケロポンズです！ ……… 4

① うたってあそぼう

まねっこしよう ……… 6
コウモリトンネル ……… 10
きつつきとーさん ……… 12
海の親子あそび ……… 15
　　　　オットセイ
　　　　ぺんぎん
　　　　らっこ
　　　　イルカ
　　　　こんぶ
　　　　かい
キムチがヒーッ！ ……… 21
ぜんまいじかけのロボットくん ……… 24
ヨロレイヒ ……… 26
カラフルタッチ ……… 28
きょうそうだ ……… 30
ぼたもち ……… 32
おさんぽのうた ……… 35
しりとりダンス ……… 37
また会いましょう ……… 40

② おどってあそぼう

ニワトリのおいかケッコウ ……… 42
おすもう体操 ……… 46
はらぺこぽんち ……… 51
がんぼったれぽんち ……… 54

❸ つくってあそぼう

Ｔシャツアート ……… 60

雨がふったら ……… 63

くつした劇場 ……… 66

魔法使いあそび ……… 68

プレゼントをつくろう ……… 70

まくらをつくろう ……… 72

フレームであそぼう ……… 74

ミュージックパネル
動物たいそう ……… 77

❹ うたおうケロポンズ

アフリカの ……… 82

てをつないで ……… 84

きらきら ……… 86

かえるソング ……… 88

さよならのうた ……… 90

特別付録
Keropon'sファッションSHOW ……… 92

ミュージックパネルの基本 ……… 94

k「**ケロ**こと増田裕子です」（以下k）
p「**ポン**こと平田明子です」（以下p）
kp「ふたりあわせて**ケロポンズ〜！！**」
k「というわけでまたまたでました！『**あそびネタ3**』の**はじまり**です」
p「いやあ……なんともう**3冊目**ですけろぽん〜♪」
k「こうやって、ポンちゃんと一緒につくったあそびネタが本となって、全国のみなさんに広がっていくのは、本当にうれしいねえ」
p「そうだね。コンサートとかに行くと、**あのあそびネタをやっています**とか、**子どもと一緒に踊って盛り上がっています**とか、そういう話を聞くとうれしいよね」
k「うんうん。みんなに喜んでもらえてよかった〜、**ああ〜つくってよかった〜**って、心底思うよね」
p「そうだね。あそびネタは、**あそんでもらってこそ**の、あそびネタじゃもんね」

こんにちは ケロポンズ です！

ケロちゃん

ポンちゃん

k「そうなのであります！　最近の子はあそばなくなったとか、あそびが少ないなどとささやかれておりますが、**今も昔も子どもはやっぱりあそび好き**だと思うよ。」
p「そうだね。子どもって楽しいことは、とことん夢中になってやるよね」
k「だから、ケロポンズのあそびネタも子どもが夢中になってやるような、そんなおもしろいネタをつくらねばねば〜っと常日頃思っておるわけです！（鼻息っ）」
p「よっ、相方！　いいぞ〜！」
k「まあ、そうは言ってもあそびですからね。**あまり気張らず、お気楽に**あそんでほしいです」
p「そうだね。**その人なりに**楽しみながら、おもしろがってあそんでほしいな」
k「というわけで、保育のおともに、親子のおつまみに、『ケロポンズのあそびネタ』ぜひ**おためしあれ〜っ！**」

♪ うたってあそぼう

k 「ふふふんふふふんらりらり〜♪」
p 「ケロちゃんってさ、いつも鼻歌うたってるね」
k 「うん。楽しいとさ、つい口ずさんじゃうんだよねえ」
p 「わかるわかる。歌とかあそびってそういう気持ち、大事だよね」
k 「そんなわけで、うたいながらあそべる、あそびながらうたえる、コーナーです」
p 「もちろん、ムリにうたわなくたっていいし、あそびだけだっていいし……。
　　いっぱいアレンジしてもらっていいよね」
k 「そうです。楽しくない気分なのに、ムリしてうたわなくていいし、
　　ムリしてあそんではだめです」
p 「鼻歌気分で、楽しくあそんじゃおうっ！」

♪ うたってあそぼう

まねっこしよう

「ハイ！」で、ケロちゃんのまねをするよ。
だんだんおかしなかっこうになるから、わらいすぎないようにね！

はじめは 手のまねっこ

♫ **まねっこしよう**

みんなでうたおう。

♫ **（ハイ！）**

大きな声で「ハイ！」と言いながら
片手をあげよう。

♫ **ハイ！**
（1回目）

片手をあげる。

🎵 **ハイ！**
（2回目）

反対の手をあげる。

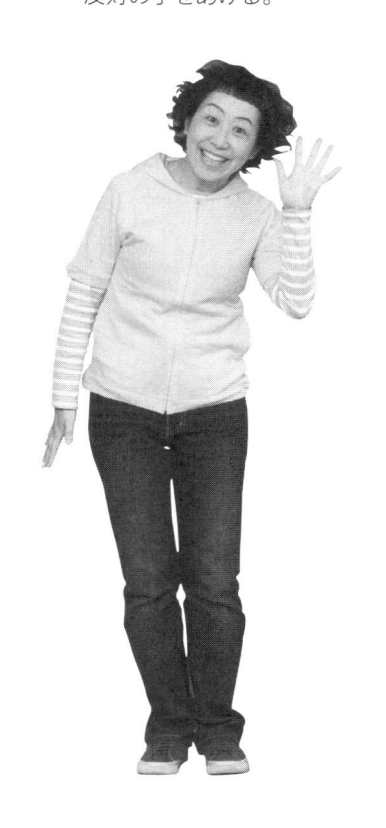

🎵 **ハイ！**
（3回目）

小さくばんざい。

🎵 **ハイ！**
（4回目）

元気にばんざ～い！。

まねっこしよう

平田明子／作詞　増田裕子／作曲

1回目　　　　　　　　　　　　　　　　　　2回目

| F | C | C | F |

ま ねっ こ し よう　ハイ！　（ハイ！）　ま ねっ こ し よう　ハイ！　（ハイ！）

3回目　　　　　　　　　　　　　　　　　　4回目

| F | C | C7 | F |

ま ねっ こ し よう　ハイ！　（ハイ！）　ま ねっ こ し　よ　う　　ハイ！

© 2004 by CRAYONHOUSE CULTURE INSTITUTE

🎵 うたってあそぼう　まねっこしよう

つぎは　からだぜんぶのまねっこ

🎵 **ハイ！**

「ハイ！」で、いろいろなポーズをしよう。
それから、「ハイ！」をポーズに合わせて、
「ホイ！」「ポン！」「ウキッ！」などにかえてあそぶと
グンと楽しくなるよ。

ごっつぁんです！

ホイ！

ケロ！

ウキッ！

ウェス！

ポン！

こんどはだれがまねっこ するのかな？

♪ポンちゃんだけでブエッ！

ブエッ！

歌の「♪まねっこしよう」を、「♪女の子だけで」とか「♪ぽんちゃんだけで」とかえてあそぼう。

親子でまねっこ

親子であそぶときには、ふたりで向かい合って、ゆったりうたいながらあそびましょう。

ハイッ！

♪まねっこしようハイッ！

ポンあかちゃん　　　　　　　　　　　　ケロかあさん

うたってあそぼう

コウモリトンネル

コウモリトンネルが崩れる前に
にげろ！　にげろ！

大人のペア4〜5組でトンネルをつくり、円になります。歌のおしまいに近づくほど、トンネルの高さが低くなるようにします。子どもたちはトンネルをくぐります。でも、歌の終わりの「バサバサバサ…」で、トンネルが崩れるから、下敷きにならないように、しっかり逃げてね！

コウモリトンネル

平田明子／作詞　増田裕子／作曲

コウモリトンネル　キキッ　キキッ〜　コウモリトンネル　わお　わお〜　コウモリコウモリ
きをつけろ　つかまったら　おてあげだ　バサバサバサバサ　バサ〜〜〜

© 2005 by CRAYONHOUSE CULTURE INSTITUTE

「バサバサバサバサバサ〜」 そら にげろ〜！

コウモリトンネル キキッ キキッ〜

親①

コウモリトンネル わお わお〜

親②

バサバサ バサバサバサ

親⑤

つかまったら おてあげだ

コウモリ コウモリ きをつけろ

親④

親③

うたってあそぼう

きつつきとーさん

大人と子どもで
うたって、さわってあそびましょ。

♫ きつつき　　　　　　　　　　　　　　　♫ とーさん

きつつきとーさん

平田明子／作詞　増田裕子／作曲

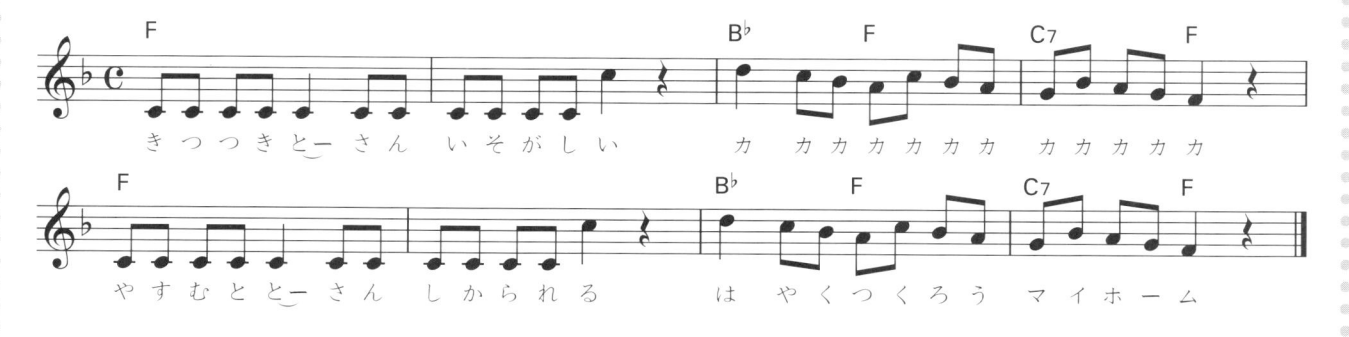

きつつきとーさん いそがしい　カカカカカカ　カカカカカ
やすむととーさん しかられる　はやくつくろう マイホーム

© 2005 by CRAYONHOUSE CULTURE INSTITUTE

♫ **いそがしい**

はちまきをきゅっと締めて。

♫ **カカカカカカカ……**

右手をくちばしにして、左手で右ひじを支え、子どものからだのあちこちを軽くつっつく。

♫ **やすむと**

♫ **とーさん**

♫ **しかられる**

♪ うたってあそぼう　きつつきとーさん

♫ はやくつくろう
子どもを床にごろごろころがす。

♫ マイホーム
力持ちのおとうさんなら、こんなこともできちゃいますね！

子どもがとーさん

子どもがきつつきとーさん役。基本は同じ。次の３箇所だけちょっと大人の動きをかえましょう。

♫ カカカカカカカ……
子どもにつっつかれたら、カクカクと折れるまね。

♫ はやくつくろう
床に転がったらからだをまるめる。

♫ マイホーム
子どもをおなかの上に乗せる。

♪ うたってあそぼう

海の親子あそび

海の生き物のまねをしながらたっぷりゆったりあそんでください。
子どもが好きな生き物は、何度もくり返しあそんでください。

オットセイ

子どもが地面に手をつき、
大人が足を持ち上げ、
手押し車の要領で進みます。

オットセイ

平田明子／作詞　増田裕子／作曲

オットセイがあるく　のっしのっし　しっぽゆれる　ゆっさゆっさ
つよいぞいいぞ　オットセイ　いいぞいいぞ　オットセイ

🎵 うたってあそぼう　海の親子あそび

ぺんぎん

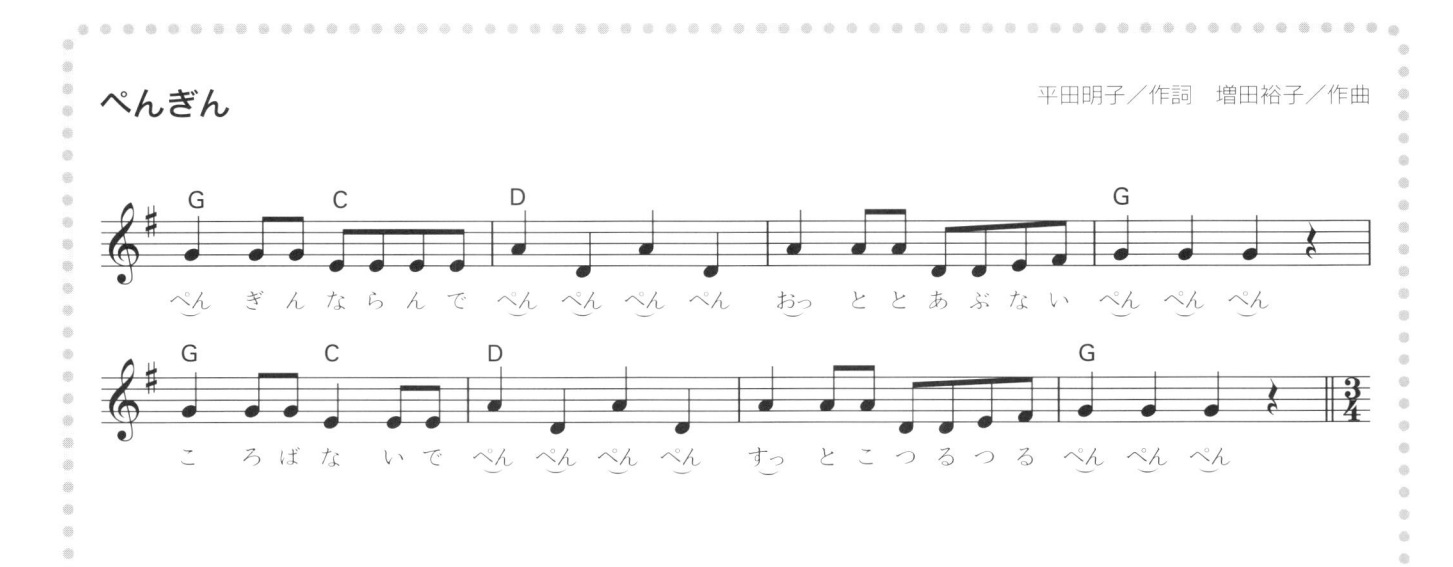

大人の足の甲に、子どもが足を乗せ、
大人が子どもを支えながら進みます。

ぺんぎん　　　　　　　　　　　　　　　　　平田明子／作詞　増田裕子／作曲

ぺんぎん ならんで ぺん ぺん ぺん ぺん おっ とと あぶない ぺん ぺん ぺん
ころばないで ぺん ぺん ぺん ぺん すっとこ つるつる ぺん ぺん ぺん

らっこ

子どもが仰向けに寝転がり、
大人が足を持ってゆらゆら引っぱります。

らっこ

平田明子／作詞　増田裕子／作曲

らっこの おやこ およぎの れんしゅう うみの
うえ すーい すい ゆらゆら なみに ゆられ
て ゆらゆら ちゃぷちゃぷ すいすいすい すーい

🎵 うたってあそぼう　海の親子あそび

イルカ

大人が子どもの両脇を支え、
高い高いの要領で持ち上げます。
可能であれば、軽く上に飛ばします。

イルカ

平田明子／作詞　増田裕子／作曲

イルカのジャンプ　ばびゅ〜ん　そらよりたかく　ばびゅ〜ん
ばびゅ〜ん　ばびゅ〜ん　ばびゅ〜ん　ばびゅ〜ん　ばびゅ〜ん　ばびゅ〜ん

こんぶ

子どもを抱っこして、
からだをくねくねさせて揺らします。

こんぶ

平田明子／作詞　増田裕子／作曲

こんぶ こんぶ く－ね くね　こんぶ こんぶ く－ね くね
よろこんぶ なみと おどるよ よろこ－んぶ

♪ うたってあそぼう　海の親子あそび

かい

仰向けに寝転がり、
おなかの上に子どもを乗せ、
おたがいに「ぎゅっ」としましょう。

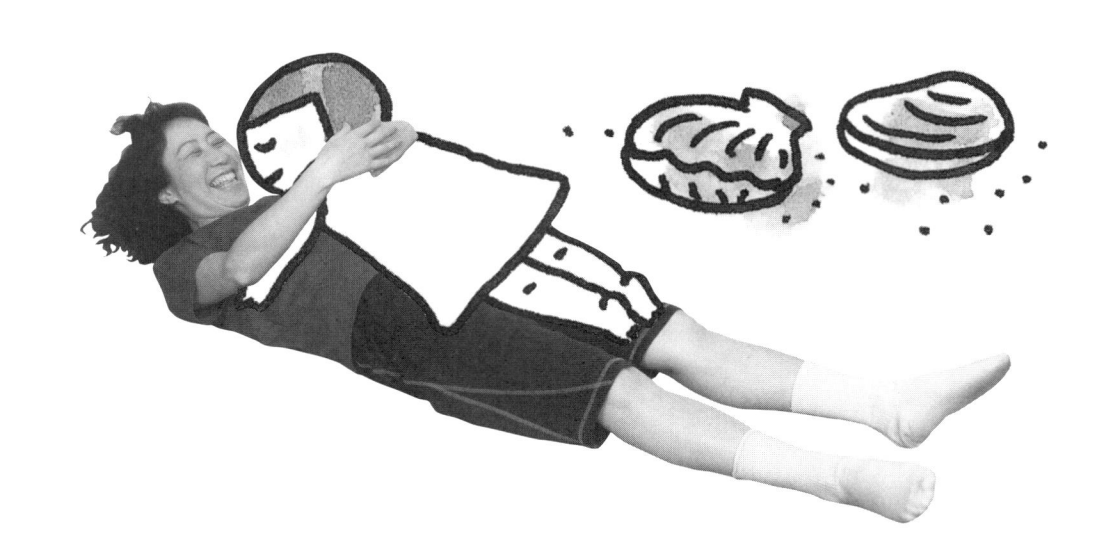

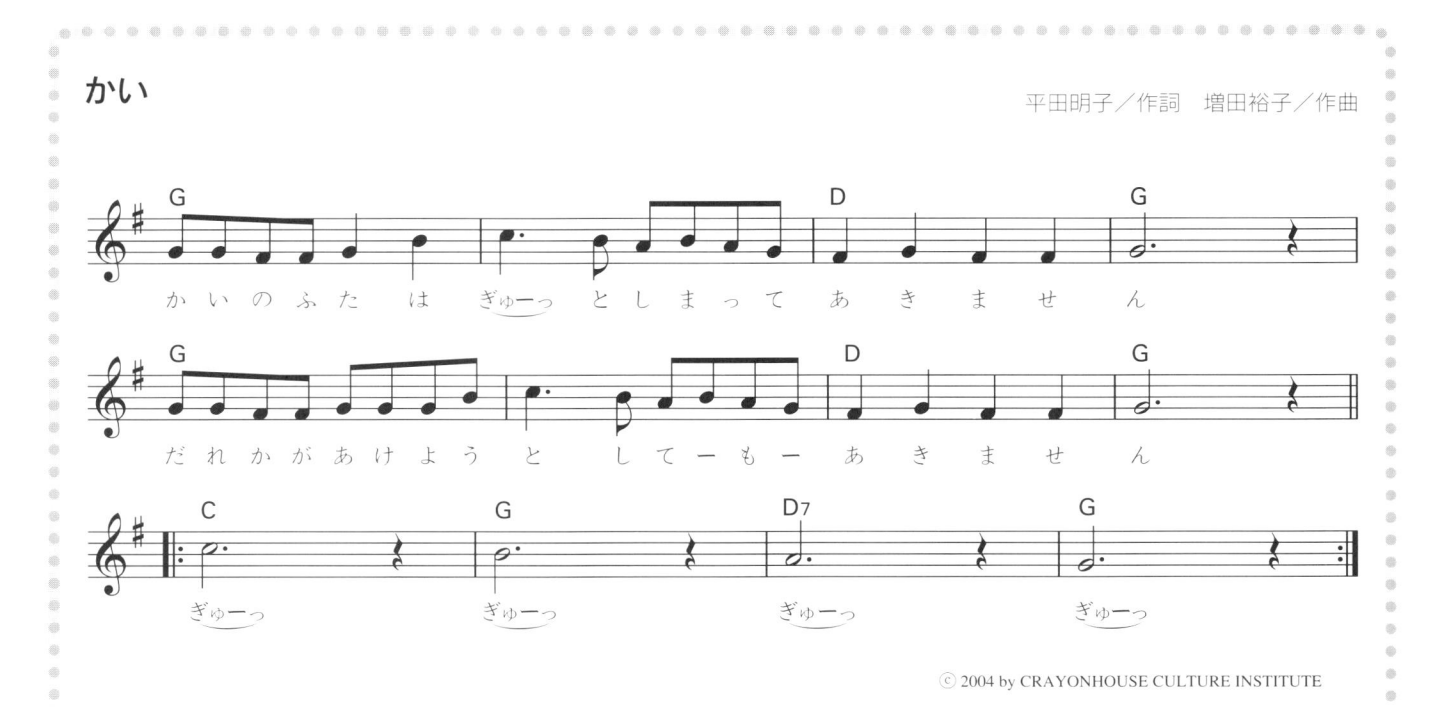

かい　　　　　　　　　　　　　　　　　平田明子／作詞　増田裕子／作曲

かいのふたは ぎゅーっ としまって あきません
だれかが あけようと しても あきません
ぎゅーっ　ぎゅーっ　ぎゅーっ　ぎゅーっ

© 2004 by CRAYONHOUSE CULTURE INSTITUTE

♪ うたってあそぼう

キムチがヒーッ！

歌に合わせて手あそびしましょう。
キムチだけじゃなく、ほかの食べものにかえてあそんでね。

キムパプ
韓国ののり巻き

チゲ
韓国の鍋

トッポキ
お餅を甘辛く煮た韓国のおやつ

キムチがヒーッ！

平田明子／作詞　増田裕子／作曲

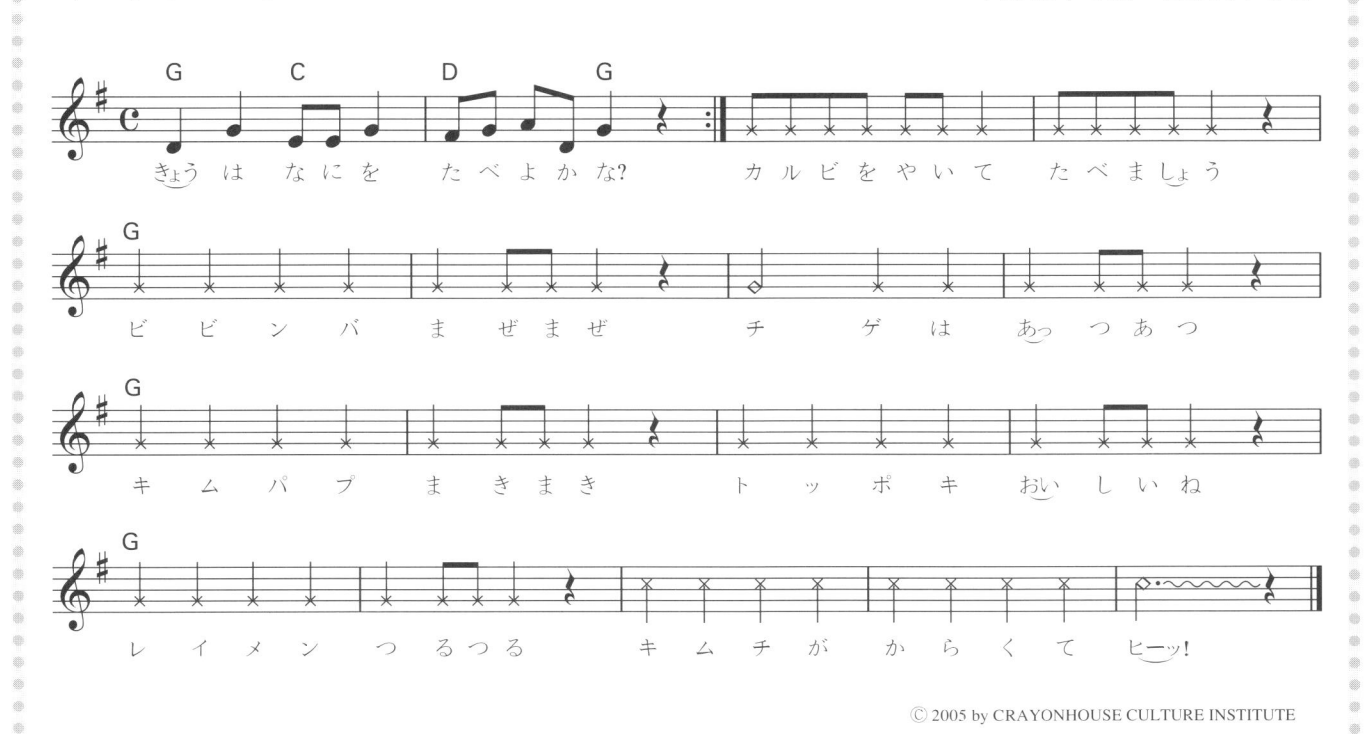

きょうは　なにを　たべよかな？　カルビを　やいて　たべましょう
ビビンバ　まぜまぜ　チゲは　あつあつ
キムパプ　まきまき　トッポキ　おいしいね
レイメン　つるつる　キムチが　からくて　ヒーッ！

© 2005 by CRAYONHOUSE CULTURE INSTITUTE

♪うたってあそぼう　キムチがヒーッ！

♪ きょうは　なにを　　　たべよかな？

（2回くり返す）

両方の1本指を立て、左右にふる。

あごに右手人さし指をあてる。

♪ カルビを　やいて
指は箸。箸でカルビをつっつく。

♪ たべましょう
食べるまね。

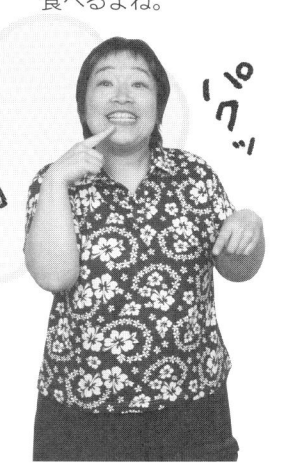

♪ ビビンバ
指の箸で、ビビンバをつっつく。

♪ まぜまぜ
指でかいぐりかいぐり。

♪ チゲは
お鍋のかたちをつくる。

♪ あっつあつ
あつっ……とじたばたする。

♪ **キムパプ　まきまき**

のり巻きをまくふり。

♪ **トッポキ**

四角いトッポキのかたち。

♪ **おいしいね**

ほっぺを指して、にっこり。

♪ **レイメン　つるつる**

指の箸で、麺をつるつる。

♪ **キムチが　からくて　ヒーッ！**

隣や後ろにいる人のくすぐったいところを、つっついちゃえ〜〜！

♪ うたってあそぼう

ぜんまいじかけのロボットくん

あなたは、背中にネジがついたロボットです。
ギコギコ、カクカク動きましょう。

ロボットに変身！

♫ ぜんまいじかけの　ロボットくん
　 ぜんまいじかけの　ロボットくん

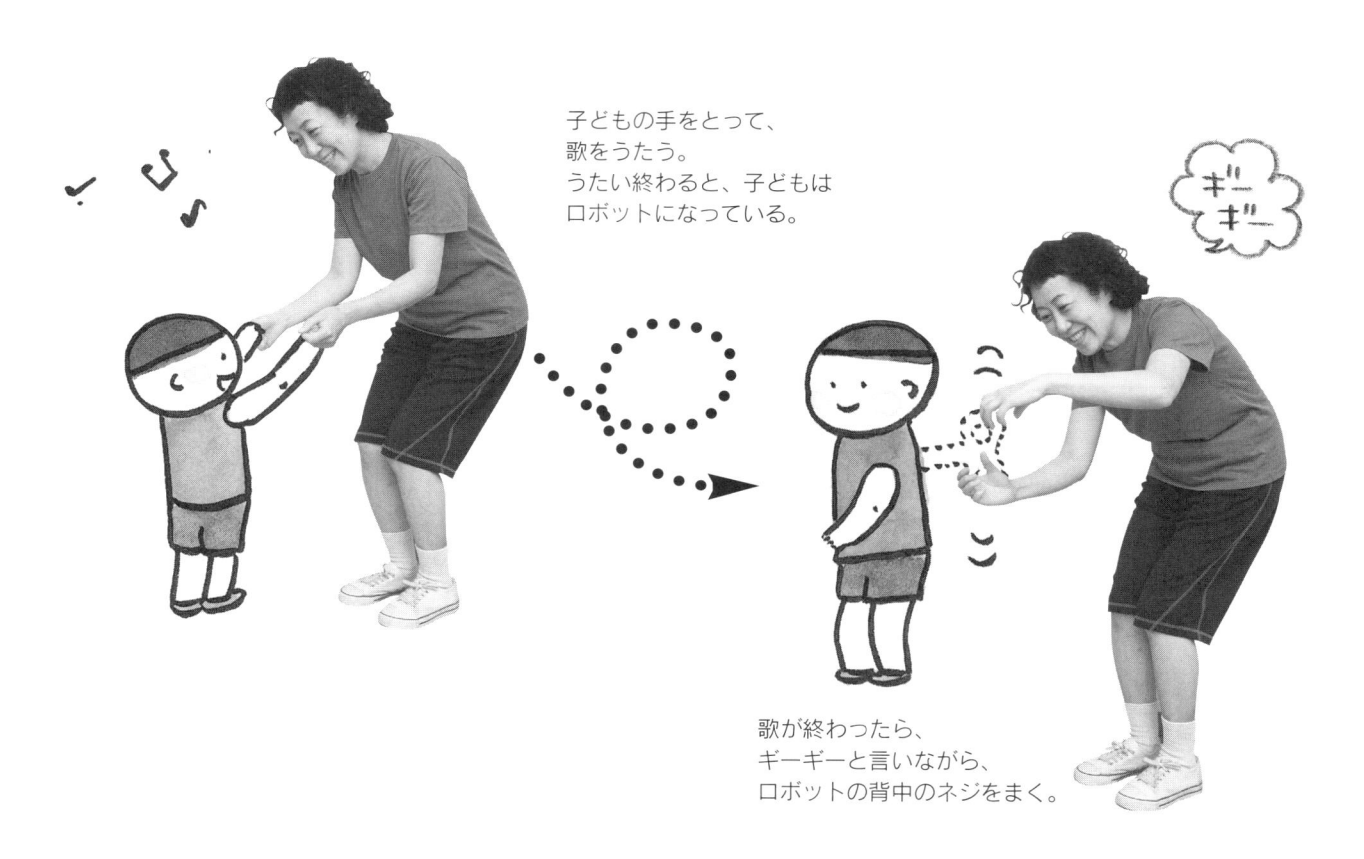

子どもの手をとって、
歌をうたう。
うたい終わると、子どもは
ロボットになっている。

ギーギー

歌が終わったら、
ギーギーと言いながら、
ロボットの背中のネジをまく。

ぜんまいじかけのロボットくん

増田裕子／作詞・作曲

ぜん まい じ か け の　ロ ボッ ト く ん　　ぜん まい じ か け の　ロ ボッ ト く ん

© 2004 by CRAYONHOUSE CULTURE INSTITUTE

ロボットは人間の言うことを聞かなければならない

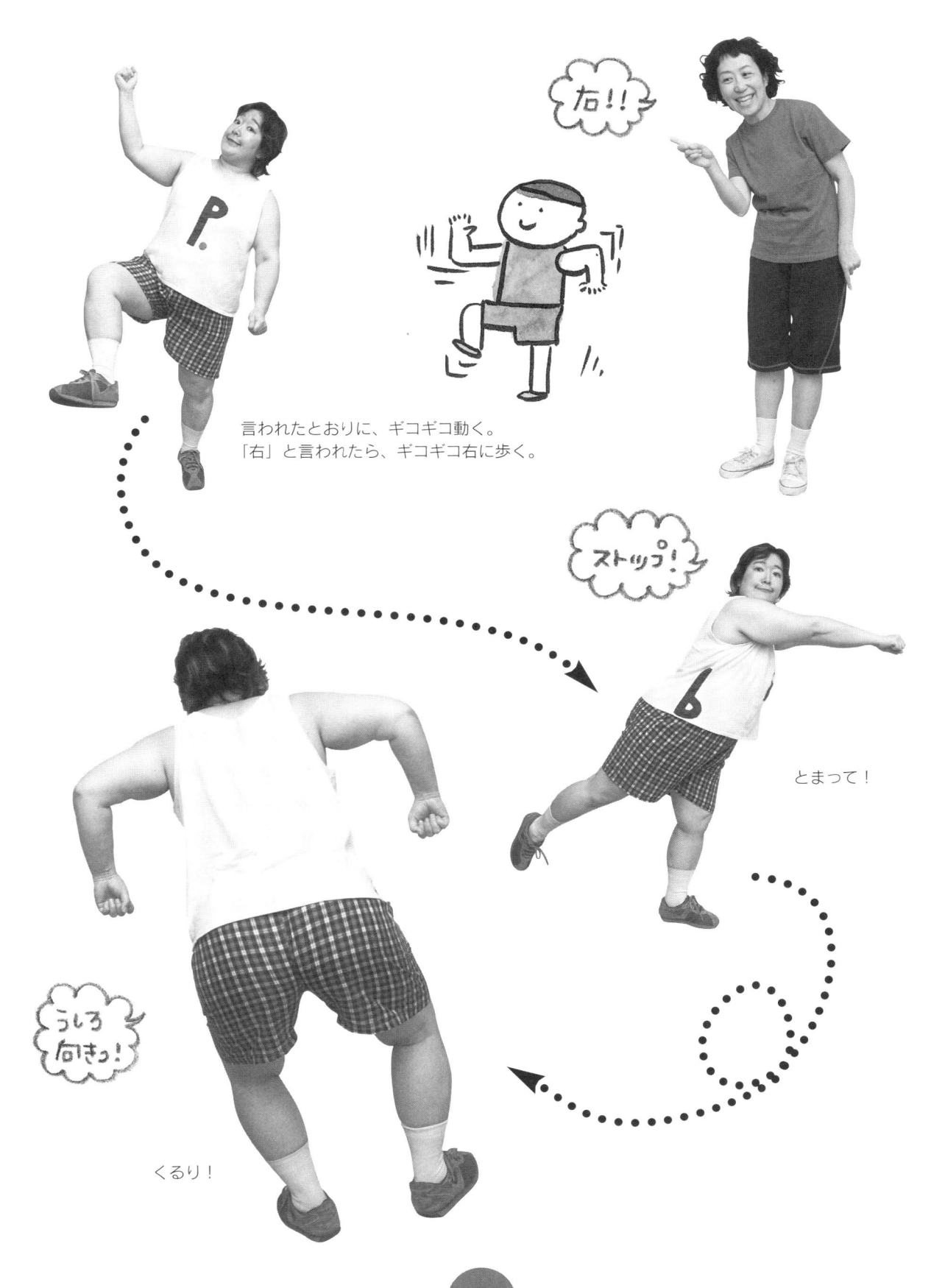

言われたとおりに、ギコギコ動く。
「右」と言われたら、ギコギコ右に歩く。

ストップ！

とまって！

うしろ向きっ！

くるり！

♪ うたってあそぼう

ヨロレイヒ

世界初！ ヨーデルゴムだんとび！ リズムに乗って、とんでみましょう。
最初の4小節は、みんなでうたい、「ヨロレイヒ　ヨロレイヒ……」がはじまったら、
順番にゴムひもをとんだり、くぐったりします。

♫ **1番の「ヨロレイヒ ヨロレイヒ……」**

ゴムひもの高さは
くるぶしより少し上くらい。

♫ **2番の「ヨロレイヒ ヨロレイヒ……」**

ゴムひもの高さは
すわったときの
おへその位置。

♫ **3番の「ヨロレイヒ ヨロレイヒ……」**

ゴムひもの高さは
立ったときのおへその位置。

♪ 4番の「ヨロレイヒ　ヨロレイヒ……」

わーいっ!!

ゴムひもの高さは、子どもたちの身長よりも高くする。
子どもたちは、踊りながらゴムひもの下をくぐる。

ヨロレイヒ

平田明子／作詞・作曲

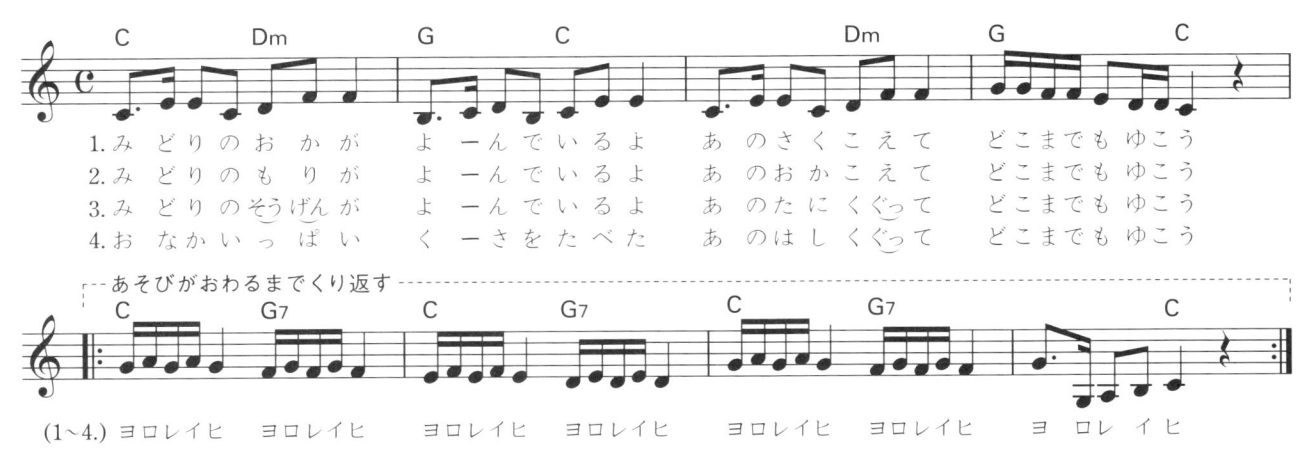

1. みどりのおかが　よーんでいるよ　あのさくこえて　どこまでもゆこう
2. みどりのもりが　よーんでいるよ　あのおかこえて　どこまでもゆこう
3. みどりのそうげんが　よーんでいるよ　あのたにくぐって　どこまでもゆこう
4. おなかいっぱい　くーさをたべた　あのはしくぐって　どこまでもゆこう

──あそびがおわるまでくり返す──

(1〜4.) ヨロレイヒ　ヨロレイヒ　ヨロレイヒ　ヨロレイヒ　ヨロレイヒ　ヨロレイヒ　ヨ　ロレイヒ

© 2004 by CRAYONHOUSE CULTURE INSTITUTE

♪ うたってあそぼう

カラフルタッチ

ケロちゃんがいう色を探して、タッチするよ。
いっぱいみつけようね。

♫ **カラフル　フルフル　タッチー　カラフル　カラフル**

両手を左右にふりながら、
リズムに乗って、ダンス。

♫ **ビューティフル**

ビューティフルなポーズで
きめて！

♫ **カラフル　フルフル　タッチー
　みつけて　タッチー**

またまた、両手を左右にふりながら、
リズムに乗って、ダンス。

♪ **あか！**

いわれた色を、探そう！

「あか！」

「あかはどこかな〜？」

「あった！」

ほかにも、いろいろな色を探そう！

カラフルタッチ

平田明子／作詞　増田裕子／作曲

カラフルフルフル　タッチー　カラフルカラフル　ビューティフルー

カラフルフルフル　タッチー　みつけてタッチー　あか！（あお！）

© 2005 by CRAYONHOUSE CULTURE INSTITUTE

♪ うたってあそぼう

きょうそうだ

いろいろなのりものに変身して、かけっこします。
だれが速いか、じゃなくて、楽しんで競争してください。

♪ **でんしゃときょうそうだ**
ガタガタガタ

脇をしめ、ひじを曲げ、
そのまま、車輪のように
ぐるぐる回しながら走る。

♪ **くるまときょうそうだ**
ブーブーブー

ハンドルを握っている
つもりで
右へ左へハンドルを切りながら走る。

きょうそうだ

平田明子／作詞　増田裕子／作曲

| でん | しゃ | と | きょう | そう | だ | ガタ ガタ ガタ | でん | しゃ | と | きょう | そう | だ | ガタ ガタ ガタ |
| くる | ま | と | きょう | そう | だ | ブー ブー ブー | くる | ま | と | きょう | そう | だ | ブー ブー ブー |

© 2005 by CRAYONHOUSE CULTURE INSTITUTE

ほかにも、こんなのりものであそんでみよう

♪ ロケットと
きょうそうだ
ゴォ──ッ

♪ ヘリコプターと
きょうそうだ
ブルブルブル

♪ ひこうきと
きょうそうだ
キーン

♪ うまと
きょうそうだ
パカパカパカ

♪ バイクと
きょうそうだ
ダダダダダダ

♪ うたってあそぼう

ぼたもち

うたいながらお手玉を隣の人に回していきます。
歌の最後にお手玉を持っていた人は、頭の上に乗せてね！

輪になってあそぼう

1 右手を左手のひらにのせる。お手玉を持っているひとは、右手でお手玉をつかむ。

2 右手を右となりのひとの、左手のひらにのせる。お手玉を持っているひとは、となりにまわす。

♪ ぼた

♪ もち

♪ あんころ

♪ もち

♪ かが

♪ みも

♪ ち

「♪かがみもち」の
「♪ち」のときに、
お手玉をもっていたひとは、
「ぽん！」と言いながら
お手玉を頭の上にのせて──

ぽん！

おめでとうございます！ と、大きな声で言う。

頭の上のお手玉を落とさないように
気をつけてね。

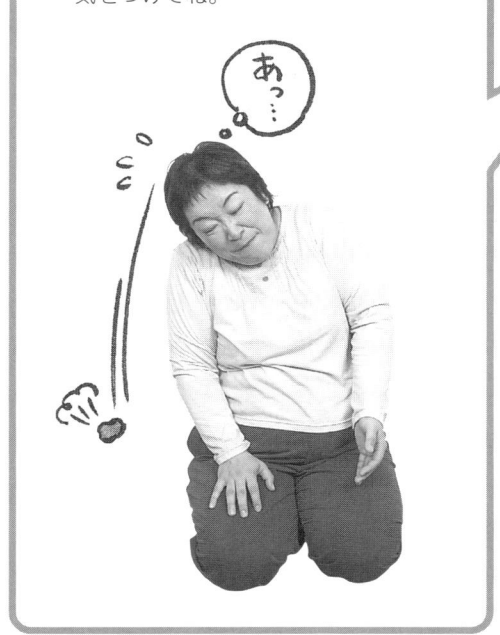

あっ…

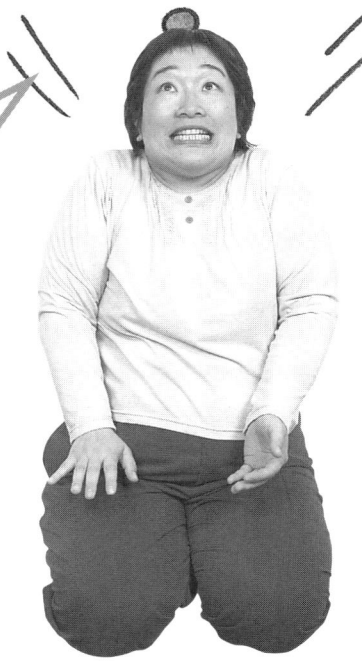

そして、また、
はじめからくり返す。

ぼたもち

平田明子／作詞　増田裕子／作曲

ぼ　た　も　ち　あん　こ　ろ　も　ち　か　が　み　も　ち　ぽん！

ⓒ 2006 by CRAYONHOUSE CULTURE INSTITUTE

♪ うたってあそぼう　ぼたもち

一人でこっそり練習して、子どもを驚かせよう

たくさんで輪になってあそぶのも楽しいけれど、一人でやっても楽しいのがお手玉の魅力です。技をみがいて子どもたちに披露しましょう。

♪ **ぼた**
お手玉を投げ上げる。

♪ **もち**
手の甲でキャッチ。

♪ **あんころ**
手の甲にのったお手玉をそのまま投げ上げる。

♪ **もち**
手のひらでキャッチ。

♪ **かがみも**　で、投げ上げたお手玉を、

♪ **ち**　で、からだのいろいろなところでキャッチ。

うたってあそぼう

おさんぽのうた

歩きながらうたうのって、気持ちいいね！
おさんぽにぴったりの歌ができました。

♪ **おさんぽ　さんぽ　でかけよう……**
立ち止まって花や草、虫など見つけたり、
木にさわってみたり、おさんぽってたのしいよね。
まずは、
うたいながら、のんびり気持ちいい
おさんぽをたのしんでください。

おさんぽのうた

増田裕子／作詞　平田明子／作曲

お さん ぽ　さん ぽ　で かけーよう　　あ お い　そ ら の　し た
お さん ぽ　さん ぽ　あ るこーうよ　　み ど り　い ろ の　か ぜ

お さん ぽ　さん ぽ　い いきーもち　　き み と　ふ た り で
お さん ぽ　さん ぽ　た の しーいな　　み ん な　い っ しょ に

Fine

ス キッ プ　ラン ラーン　ほ ら あ し ど り か る く
ジャー ン プ　ピョン ピョン　ほ ら あ し ど り か る く

え が お で　ラン ラーン　ど こ ま で も ゆ こ う
え が お で　ピョン ピョン　ど こ ま で も ゆ こ う

D.C.

© 2005 by CRAYONHOUSE CULTURE INSTITUTE

♪ うたってあそぼう　おさんぽのうた

ずっとのんびり歩くのもいいけれど、歌詞に合わせて、スキップしたり、ジャンプしたりしましょう。

♫ …スキップ　ランラン…

♫ …ジャンプ　ピョンピョン…

歌の「スキップ　ランラン」「ジャンプ　ピョンピョン」の部分を変えて、
いろいろな「おさんぽのうた」をつくろう。

♫ …おしりを　プリリーン…

♫ …かたあし　ケンケン…

♪ うたってあそぼう

しりとりダンス

しりとりあそびとラップが合体！　しりとりダンス！
おしりを取り合って、みんなでおどっちゃおう。

♫ **しりとりダンス**
前のひとのおしりに手を当て、手前に引き、おしりを取るマネ。

♫ **しりとりダンス**
逆向きになって前のひとのおしりをとる。

♫ **しりとりダンス**
もう一度振り返っておしりをとる。

うたってあそぼう　しりとりダンス

♪ **イエイ**

ひとさし指をつきあげて、ラッパーポーズ。

歌が終わったらしりとりするよ！

はじめのことばが「かえる」のとき。

はじめの人が「かえる」と言ったら、みんなでかえるのまねをしてから、次の言葉にうつる。
次の言葉もその言葉のまねをして、しりとりを続ける。

しりとりダンス

平田明子／作詞・作曲

し　り　と　り　ダンス　し　り　と　り　ダンス　し　り　と　り　ダンス　イエイ　ー

© 2005 by CRAYONHOUSE CULTURE INSTITUTE

るすばんでんわ

わに

にんげん

「ん」がついたらおしまい。
最後にもう一度、
♪しりとりダンス
　しりとりダンス
　しりとりダンス　イエイ
をおどろう。

39

うたってあそぼう

また会いましょう

だれかと、さよならするときのあそびです。
ちょっとさびしいけれど、きっとまたどこかで会える。

まず二重の円をつくり、向かい合って手をつなぐ。

♪ また　あいましょう
　　バイ　バイ　バイ

歌に合わせて、円の外側のひとは手の平を下にして右回り、内側のひとは手の平を上にして動かないで立ち、向かい合ったひとと手を合わせる。

♪ ワー

歌の終わりの「ワー」で、向かい合ったひとと手をつなぎ、ぐるぐるまわる。

また会いましょう

平田明子／作詞　増田裕子／作曲

ま　た　あ　い　ま　しょ　う　バ　イ　バ　イ　バ　イ　ワー！

© 2006 by CRAYONHOUSE CULTURE INSTITUTE

おどってあそぼう

p「はらぺこぽんちはいつもはらぺこ〜♪」
k「あ、はらぺこぽんちをおどってるんだね？」
p「うん。ダイエットのためにね。いっぱい汗かいた〜っ！」
k「ポンちゃんみたいに、いっぱい汗かくといいよね。ケロは、汗があんまりでないから、
　　いっぱいカラダを動かして代謝をよくしなきゃ〜っ」
p「そうそう。おどったりカラダをいっぱい動かしたりすると、気持ちいいよ〜。
　　でも、その分はらぺこぽんちだ〜っ」
k「で、結局また食べちゃうんでしょっ？」
p「そのとおりっ！」
k「ありゃりゃ〜っ！？？」

♪ おどってあそぼう

ニワトリのおいかケッコウ

ニワトリは、いつも忙しそう。
羽根や首や足を「え、こんなに！？」って思うくらい激しく動かしてみて。

♪ ニワトリの

①右に4歩。

♪ おいかケッコウ

②左に4歩。

♪ こりゃまた

③羽根を上げて。

♪ ケッコウ

④羽根を下げる。

♪ コケコッ

⑤羽根を上げて。

♪ コー

⑥羽根を下げる。

♪ おいけの　まわりで　ケッコウ　ケッコウ
　 おいかケッコウ　コケコッコー

①〜⑥と同じ動きをする

♪ はねは　はねは　いそがしい
　バサバサ　バサバサ　バッサバサ

羽根をバサバサ。

♪ バサバサ　バサバサ
　ケッコウ　ケッコウ

バサバサしながら1回転。

♪ いそがしい

羽根を上げて、片足立ち。

羽根とトサカをつくろう

トサカは、カチューシャにモールを巻きつけて。
羽根は、厚紙2枚を貼り合わせてつくったよ。
羽根の内側に持ち手をつけると、動きやすいよ！

🎵 おどってあそぼう　ニワトリのおいかケッコウ

2番・3番は、8小節目まで1番と同じ動き。
「くびは…」「あしは…」のところから、ちがう動きにするよ

2番

🎵 **くびは　くびは　いそがしい
ココココ　ココココ　ココココ**

首を前後にカクカク。

🎵 **ココココ　ココココ
ケッコウ　ケッコウ**

首を前後にカクカクしたまま1回転。

🎵 **いそがしい**

羽根を上げて、片足立ち。（3番も同じ）

3番

🎵 **あしは　あしは　いそがしい
ピョコピョコ　ピョコピョコ
ピョコピョコピョコ**

片足ずつピョコピョコ振る。

🎵 **ピョコピョコ
ピョコピョコ
ケッコウ　ケッコウ**

片足ずつピョコピョコしながら1回転。

Codaからは歌詞に合わせて
「はね」「くび」「あし」「ぜんぶ」の順に動かそう。

「ぜんぶ」のうごきはこれ

羽根をバサバサ、首をカクカク、
足をピョコピョコ
を全部同時にするのだ！

♪ いそがしい

おつかれさまでした。

ニワトリのおいかケッコウ

平田明子／作詞　増田裕子／作曲

ニワトリの　　おいかケッコウ　こりゃまたケッコウ　コケコッコー

おいけのまわりで　ケッコウケッコウ　おいかケッコウ　コケコッコー

{ はねはは ねは
　くびはくびは
　あしはあしは }

いそがしい　　バサバサバサバサ　バッサバサ　　バサバサバサバサ
いそがしい　　コココココココ　　コココココ　　コココココココ
いそがしい　　ピョコピョコピョコピョコ　ピョコピョコピョコ　ピョコピョコピョコピョコ

ケッコウケッコウ　いそがしい　（×3）　はねはねは　いそがしい

くびはくびは　いそがしい　あしはあしは　いそがしい　ぜんぶぜんぶ

いそがしい　バサコ コピョコピョコ　ケッコウケッコウ　いそがしい

© 2005 by CRAYONHOUSE CULTURE INSTITUTE

♪ おどってあそぼう

おすもう体操

あなたは、体重100キロのりっぱなおすもうさん。
どすこい、どすこい！　重たそうに体操しよう。

♪ **りっぱな**

腰を落として手を打ち鳴らし、もみ手をする。

♪ **おすもうさんに**

右手を高く上げる。

♪ **なるため**

最初と同じ。

♪ **にー**

左手を高く上げる。

♪ **きょうから　けいこ**

脇腹を3回たたく。

♪ **いたしましょ**

塩をまくまね。

🎵 **ふんでふんで
どっしんどっしん
ふんでふんで**

まずは
しこから〜

四股を踏む。

🎵 **おすもうさん**

はっけよいのポーズ。

×2

🎵 **つっぱりつっぱり
どすこいどすこい
つっぱりつっぱり**

おっぎは
つっぱり〜

おたがいに
つっぱりあう。

ここからは、2人組で体操するよ。

🎵 **おすもうさん**

はっけよいのポーズ。

×2

おどってあそぼう　おすもう体操

こんどは
ひっぱり
ずもう〜

♫ **ひっぱれひっぱれ
うんとこうんとこ
ひっぱれひっぱれ**

おたがいにひっぱりあう。

♫ **おすもうさん**

はっけよいのポーズ。

×2

がっぷりよつに
くんで
おしずもう

♫ **おしておして
のこったのこった
おしておして**

おたがいにおしあう。

♫ **おすもうさん**

はっけよいのポーズ。

×2

48

さいごは
ふたりで
もちあげずもう

♪ **もちあげもちあげ
はっけよいはっけよい
もちあげもちあげ**
おたがいにもちあげあう。

♪ **おすもうさん**
むきあって、
はっけよいのポーズ。

×2

♪ **りっぱな**　　♪ **おすもうさんに**　　♪ **なるため**　　♪ **のー**

♪ **きょうのけいこは**

はじめの4小節と同じ動き

♪ **これにてうちどめ**

おどってあそぼう　おすもう体操

おすもう体操

平田明子／作詞　増田裕子／作曲

りっぱ な おすもうさん に なる ために　きょう から けい こ いたし ましょ

「まずはしこから〜」ふん で ふん で どっしん どっしん ふん で ふん で おすもうさん

「おつぎはつっぱり〜」つっ ぱり つっ ぱり どす こい どす こい つっ ぱり つっ ぱり お すもう さん

「こんどはひっぱりずもう」ひっ ぱれ ひっ ぱれ うん とこ うん とこ ひっ ぱれ ひっ ぱれ お すもう さん

「がっぷりよつにくんでおしずもう」おし て おし て のこった のこった おし て おし て おすもう さん

「さいごはふたりでもちあげずもう」もち あげ もち あげ はっけ よい はっけ よい もち あげ もち あげ お すもう さん

りっぱ なおすもうさんに なるための　きょうのけいこは これにて　うちどめー

© 2005 by CRAYONHOUSE CULTURE INSTITUTE

おどってあそぼう

はらぺこぽんち

おなかがすくと、どうなりますか？ ポンちゃんは元気がなくなってへなへなになります。
そんなとき、元気が湧いてくる、はらぺこダンス、いたしましょう。

はじめは、ポンちゃんの動きをまねするよ

♪ **はらぺこ**　**ぽんちは**

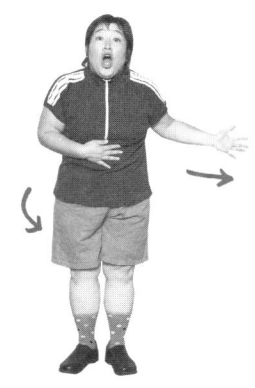

① 右手はおなか、左手は横。
② 左手はおなか、右手は横。

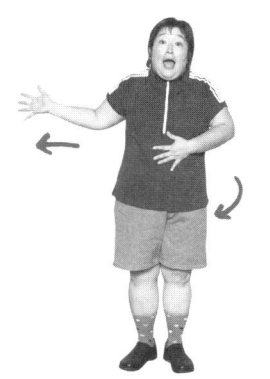

♪ **はらぺこ**　**ぽんちは**

♪ いつも　はらぺこ
♪ いつも　はらぺこ

①②と同じ動き。

♪ **あさも**　**おひるも**

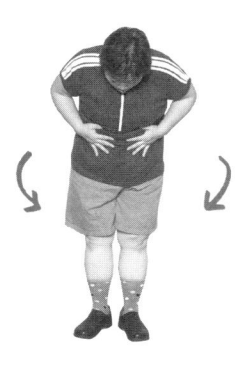

③ 両手をおなか、頭を下げて。
④ 両手をあげて頭を上げる。

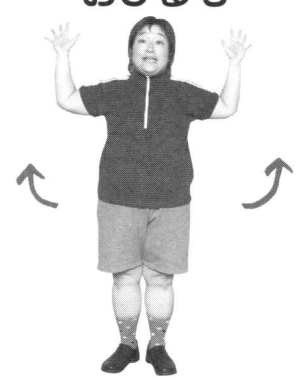

♪ あさも　おひるも

♪ **まよなかも**

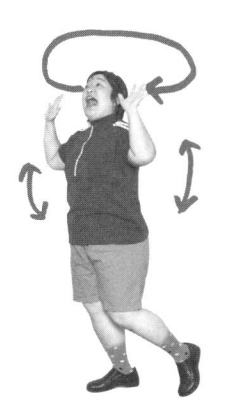

⑤ ③④の動きをしながらその場を一周。

♪ まよなかも

♪ **はらぺこぽんちは**
　〜ぽんちのこえが

①②③④⑤の動きをくり返す

🎵 おどってあそぼう　はらぺこぽんち

〝〝おなか すいたよ〜〟〟

🎵 **おなかすいたよー**
大声で叫ぶ！

ここからは、いっしょに踊るよ

🎵 **かわいそー**　　　　**かわいそー**　　　🎵 **かわいそね**

⑥ 左手を腰、右手は左から右にスライド。

⑦ 右手を腰、左手は右から左にスライド。

⑥⑦と同じ動き

🎵 **はらぺこ　ぽん　　ちー**

⑧ 右手をのばし、頭の上から大きく後ろまわしで2回転。

⑨ 伸ばした右手を引く。

⑩ 歌が終わったら、「カ〜ッ」と言いながら、頭をポン！

※2番、3番、くり返しも同様におどります。

親子ではらぺこぽんち！

♪ はらぺこぽんちは……
子どもを膝に乗せ、両手をとり、左右にゆらしたり上下にゆらしたり。

♪ かわいそー……
子どものからだをブルブルゆらす。

♪ はらぺこぽんちー
子どもをだっこしたままごろんと寝そべる。

はらぺこぽんち

新沢としひこ／作詞　増田裕子／作曲

はらぺこぽんちは　（はらぺこぽんちは）　いつもはらぺこ　（いつもはらぺこ）

[
あさもおひるも　（あさもおひるも）　まよなかも　―
いくらたべても　（いくらたべても）　まだはいる　―
たべたそばから　（たべたそばから）　ぺっこぺこ　―
]

はらぺこぽんちは　（はらぺこぽんちは）　すぐにはらぺこ
（すぐにはらぺこ）　ほらねきこえる　（ほらねきこえる）

[
ぽんちのこーえが　「おなかすいたよー」
ぽんちのこーえが　「ケーキはべつばら」
かあさんのーこえ　「さっきたべたでしょ！」
ぽんちのこーえが　「だってはらぺこだよー！」
]

[
かわいそー　かわいそー　かわいそねー　―
あきれたー　あきれたー　あきれたねー　―
たまげたー　たまげたー　たまげたねー　―
はらぺこ　はらぺこ　はらぺこね　―
]

はらぺこぽーんち

3 times D.S.

© 2004 by ASK MUSIC CO.,Ltd.

♪ おどってあそぼう

がんぼったれぽんち

ポンちゃんの歌とおどりですが、ちがうひとの歌とおどりにもできます。
たとえば、「ケロちゃんは、東京○○の生まれ、正真正銘の宇宙人（!?）……」とか。

♪ ぽん　　ちは　　　　♪ ひろしま

③ 腰に手をあて、
ひざを小さく2回屈伸。

① 右ひじに左手。　② 左ひじに右手。

♪ みよ　しの　うまれ
　　①　　②　　③

　かん　こう　のうえんの
　　①　　②　　③

　　　　　　　　　　　♪ しょうしんしょうめい　　いなかそだち
　おじょ　うさ　ん
　　①　　　②　　③

①②③の動きをくり返す。

④ 右腕をアヒルの首よう
に曲げ、右へ4歩、歩く。

⑤ 左腕をアヒルの首よう
に曲げ、左へ4歩、歩く。

♪ やまんなか
　かけずりまわって
　　④
　あそんでた
　　⑤

④⑤の動きを繰り返す。

♪ ひろ　　♪ しま　　♪ べん　　♪ で

⑥ 右腕、ななめ上。　⑦ 左腕もななめ上。　⑧ 右腕を折る。　⑨ 左腕も折る。

♪ きかん　ぼの　こと　を
　　⑥　　⑦　　⑧　　⑨

　がん　ぼっ　たれ　って
　　⑥　　⑦　　⑧　　⑨

　いう　んだ
　　⑥　　⑦

⑥⑦⑧⑨の動きをくり返す。

♪ よ

⑩両手を頭の上に。

おどってあそぼう　がんばったれぽんち

♪ you're so Cool!　♪ がんぼったれぽんち

♪ you're so Cool!

♪ がんぼったれぽんち

⑪前を指差しながらリズムに乗って足踏み3回。

⑫両手をクロスしたまま2回、ひじを締めたりゆるめたり。

⑪と⑫の動きをくり返す。

♪ you're so Cool!

⑪と同じ動きをする。

♪ ふしぎな

♪ みりょく

♪ すてきな

♪ まりょく

⑬右ひざを抱えてしゃがむ。

⑭パッと両手を広げて立ち上がる。

⑮左ひざを抱えてしゃがむ。

⑯パッと両手を広げて立ち上がる。

♫ ドキドキ　　　♫ トリコ

⑱正面を向いて
パッと両手をあげる。

⑰腕を伸ばして
右にからだをひねる。

♫ にんき　　　♫ ばくはつ！

⑲腕を伸ばして
左にからだをひねる。

⑳正面を向いて
パッと両手をあげる。

※２番も同様におどります。

おどってあそぼう　がんぼったれぽんち

がんぼったれぽんち

増田裕子／作詞・作曲

1. ぽんちはひろしま　みよしのうまれ　かんこうのうえんの　おじょうさん
2. ぽんちのとうさん　そっくりとうさん　かんこうのうえんの　しゃちょうさん

しょうしんしょうめい　いーなかそだち　やまんなかかけずりまわって　あそんでた
しょうしんしょうめい　がんぼったれで　いいだしたら　きーきやしない　きかんぼう

ひろしまべんで　きかんぼのことを　がんぼったれって　いうんだよ
おやこでがんぼったれ　そっくりがんぼったれ　がんこにがんぼって　がんもどき

you're so-Cool　がーんぼったれぽんちー　you're so-Cool　がーんぼったれぽんちー
you're so-Cool　がーんぼったれぽんちー　you're so-Cool！

Fine

ふしぎなみ　りょーくー　すてきなま　りょーくー

ドキドキートリーコー　にんきばーくはーつー
がっちりーハートー　つかまれーちゃったー

D.C.
2 times D.S.

© 2005 by CRAYONHOUSE CULTURE INSTITUTE

✂ つくってあそぼう ××××××××

p 「子どもと一緒に何かものをつくるのって、楽しいよね」
k 「そうそう。子どもって、大人が予想もできないようなおもしろいものをつくって、
　　驚かせてくれることがあるよね〜」
p 「うん。子どもの感性って、何にもとらわれてないからかなあ〜。やわらかいよね」
k 「そうだね。ポンちゃんのおなかと一緒だね（笑）。ものをつくるっときって、
　　そういうやわらかさが必要かも」
p 「大丈夫。ケロちゃんの頭の中だって　もうぐにゃんぐにゃんだよ〜っ」
k 「ちょっと、それって、ほめてんの？」
p 「あはははーっ！　さあ、なんか一緒につくってあそぼうよ！」

つくってあそぼう

Tシャツアート

Tシャツに、好きな絵を描いて、自分だけのオリジナルTシャツをつくろう。
Tシャツを着たままおたがいに描きっこするのも、くすぐったくて楽しいね。

用意するもの

Tシャツ、布用マジック、布用絵の具、筆、パレット、バケツ、はさみ、カッター、ダンボールなど
＊Tシャツは、着古したものをつかいましょう。

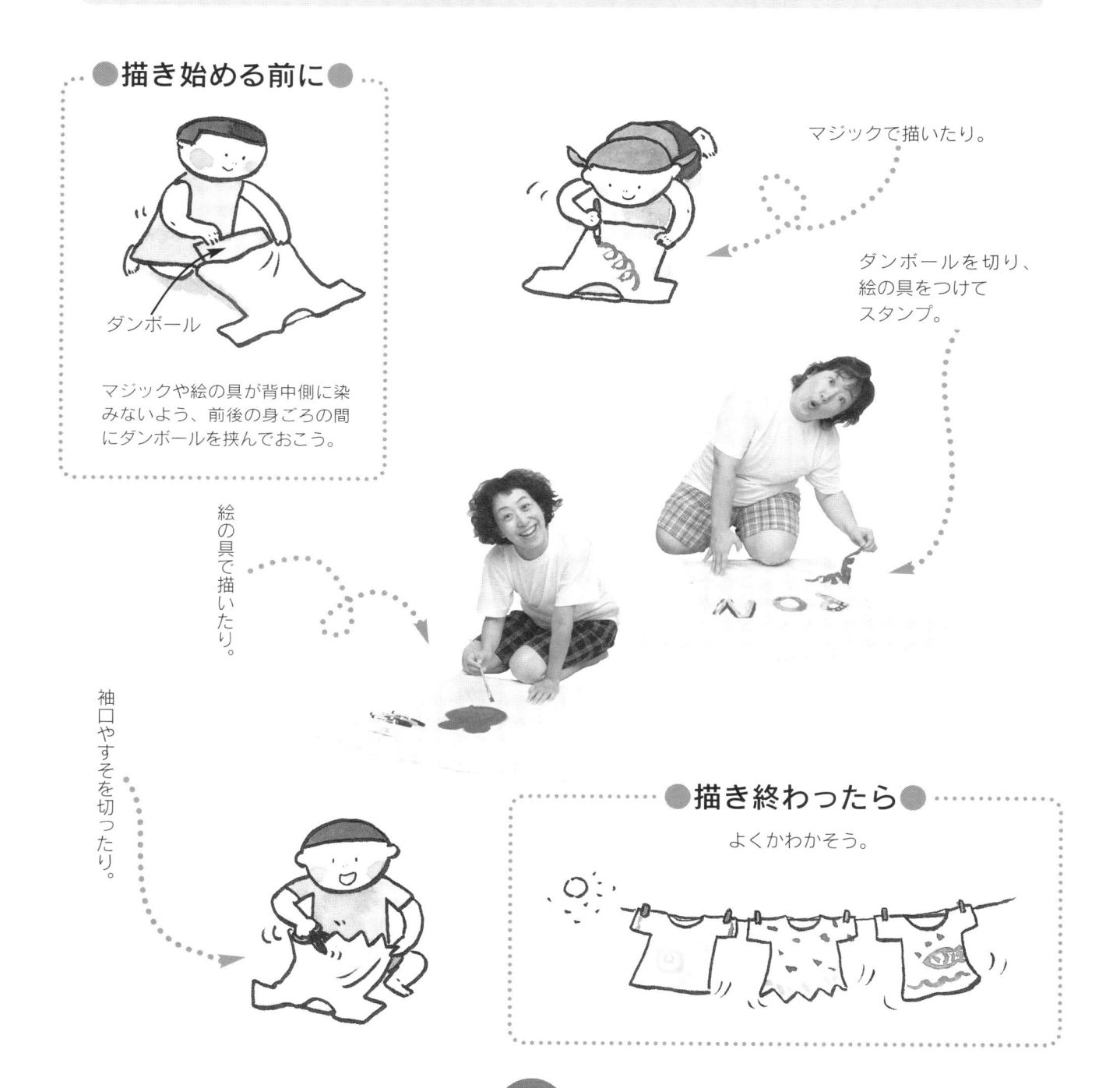

● 描き始める前に ●

ダンボール

マジックや絵の具が背中側に染みないよう、前後の身ごろの間にダンボールを挟んでおこう。

マジックで描いたり。

ダンボールを切り、絵の具をつけてスタンプ。

絵の具で描いたり。

袖口やすそを切ったり。

● 描き終わったら ●

よくかわかそう。

ザッパーン!!

おさかなかな♪

さかなかな？
ポンちゃん作

カラフルな魚を描いてみました。
元気いっぱいのできばえに、
大満足。

とびガエル
ケロちゃん作

大きなカエルを描きました。
両手をあげて、池からザッパ〜ン！
と飛び出したところ。
迫力満点でしょ！？

Tシャツ
ファッション
ショー

ワイルドさっ

どぉ？

ぐるぐるサン
ケロちゃん作

真ん中にぐるぐる渦巻き。
袖とすそを
ジョキジョキカットして、
ワイルドなイメージ！

ポンポンTシャツ
ポンちゃん作

ダンボールをアルファベットの
形に切って、絵の具をつけて、
スタンプみたいにポン！
カエルの手の模様もポイント。

つくってあそぼう　Tシャツアート

二人で描きっこしよう

ケロちゃんの好きな緑色でチョン、チョン、チョン!!

ポンちゃんのには、まんまるをいっぱい描いちゃえ～!!

● 描き終わったら ●

もし、からだに絵の具がついていたら、Tシャツを脱いで、ホースでジャ～ッと流そう。気持ちいいよ～!

つくってあそぼう

雨がふったら

雨の日は、家の中にこもりがち。
だから、こんなふうに、手と足と頭をうごかしてあそんでみよう！

ケロケロぼうずになる

用意するもの
布（からだに合わせて切ったもの）、
はさみ、
シールフェルト、
カラー羊毛、
両面テープ、など

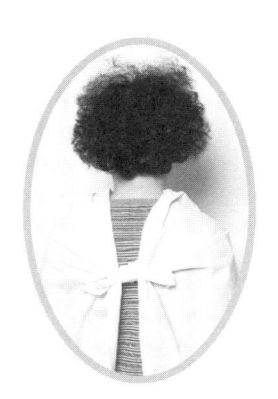

シールフェルトや羊毛で、好きなかたちをつくり、布に貼りつける。

できあがり

ケロケロぼうずになるときには、布をからだに巻き、後ろで結ぶ。

● ケロポン天気予報 ●

用意するもの
角張った石、
アクリル絵の具、
パレット、ふで、水差し

石の平らな面に、晴れ・雨・くもり・嵐など、好きな天気の絵を描く。
この石を投げたり転がしたり蹴ったりして、明日の天気を占う。

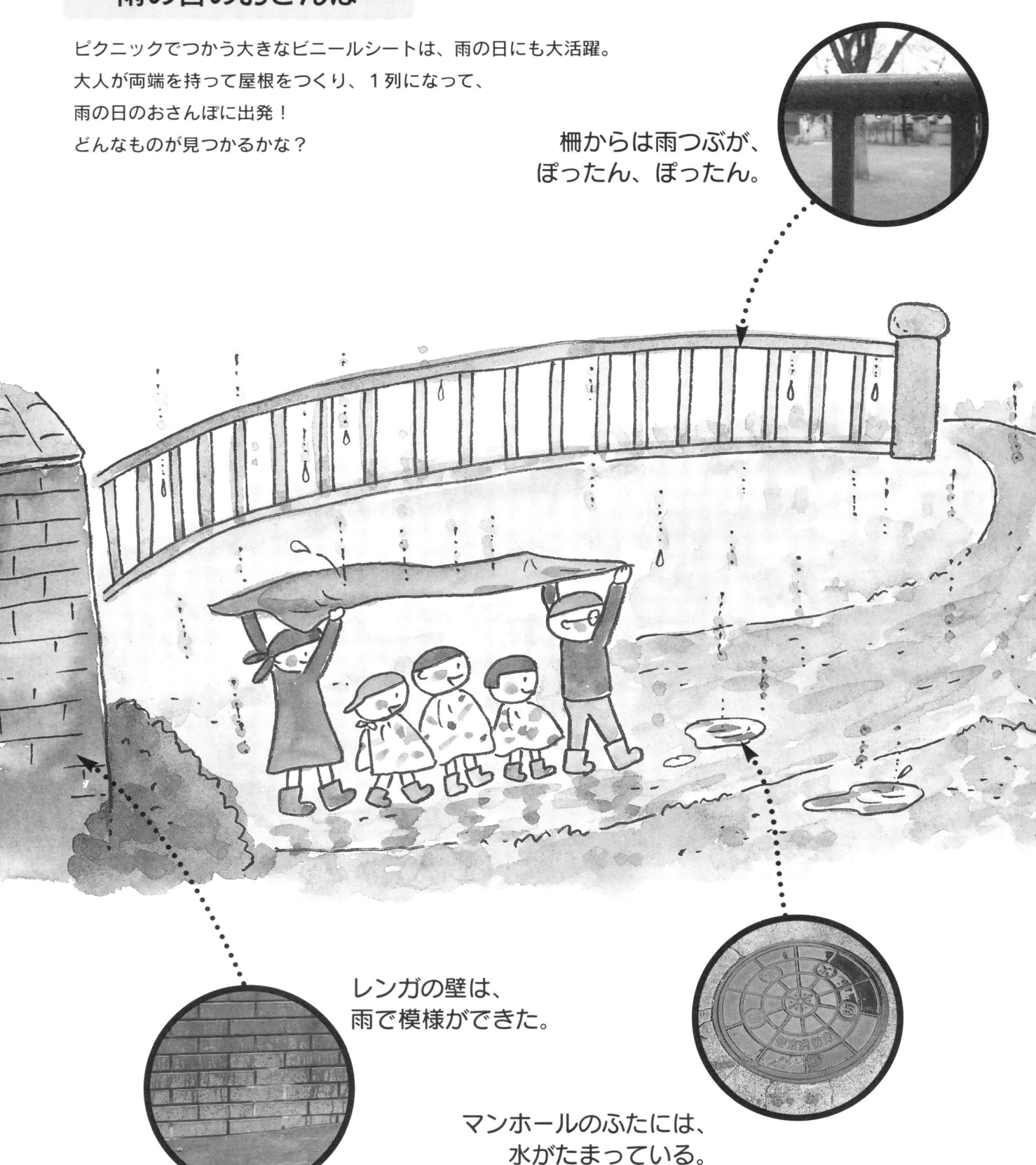

✂ つくってあそぼう　雨がふったら

雨の日のおさんぽ

ピクニックでつかう大きなビニールシートは、雨の日にも大活躍。
大人が両端を持って屋根をつくり、1列になって、
雨の日のおさんぽに出発！
どんなものが見つかるかな？

柵からは雨つぶが、
ぽったん、ぽったん。

レンガの壁は、
雨で模様ができた。

マンホールのふたには、
水がたまっている。

64

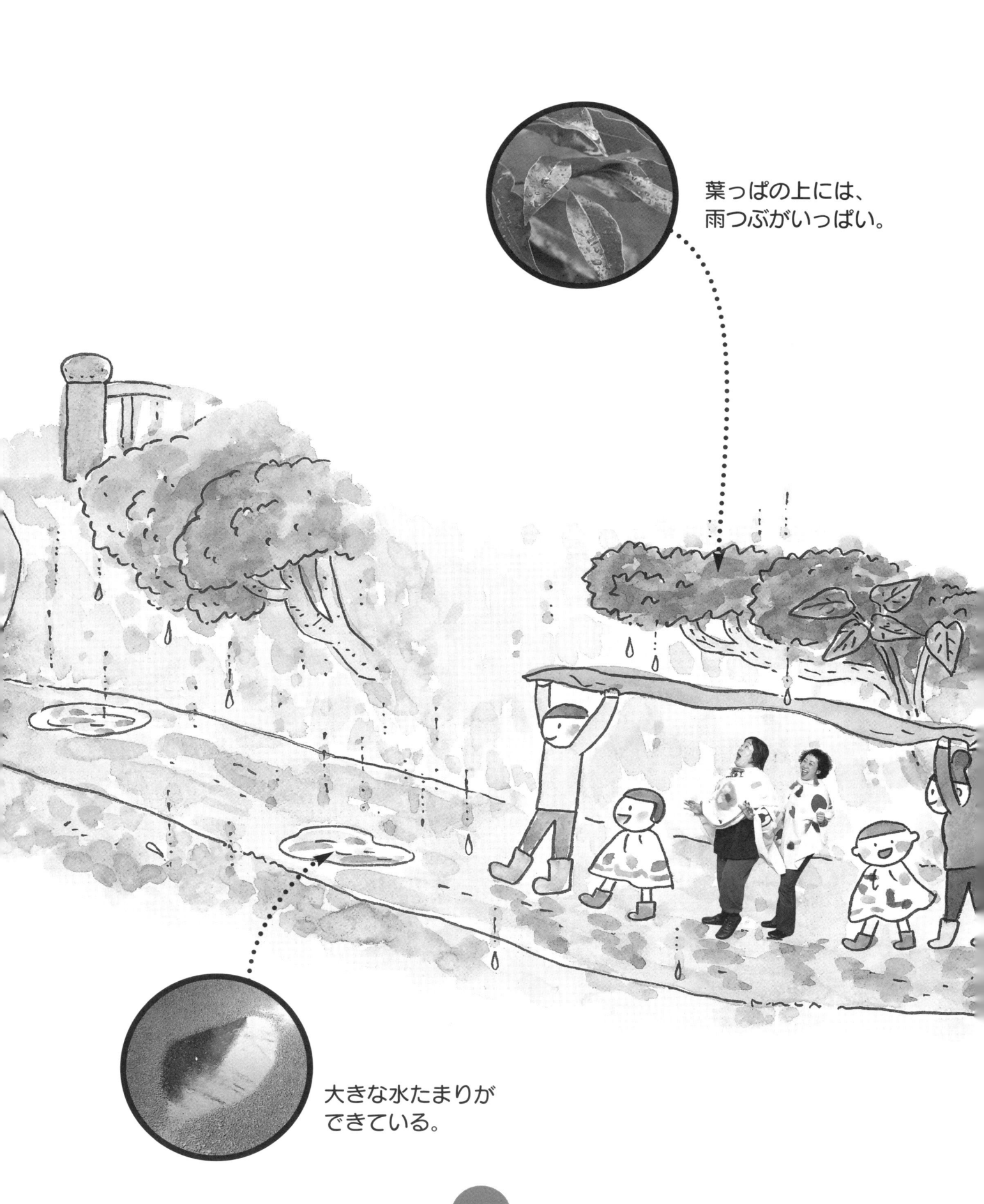

葉っぱの上には、
雨つぶがいっぱい。

大きな水たまりが
できている。

つくってあそぼう

くつした劇場

くつしたで、誰も知らない不思議な人形をつくろう。
つくった人形で、くつした劇場の、はじまりはじまり……。

用意するもの　いろいろなくつした（ルーズソックス　5本指　タイツ　など）
シールフェルト、毛糸、安全ピン

こぶさん

長〜い舌がいいでしょ！

シールフェルトで目と舌をつける。

くつしたの中の手の形。

片方のくつしたを丸め、もう片方のかかとに詰め込む。

もじゃろうくん

いろんなヘアスタイルにしてみよう

毛糸を束ねて安全ピンで留める。

シールフェルトで目をつける。

くつしたの中の手の形。手首を動かして操る。

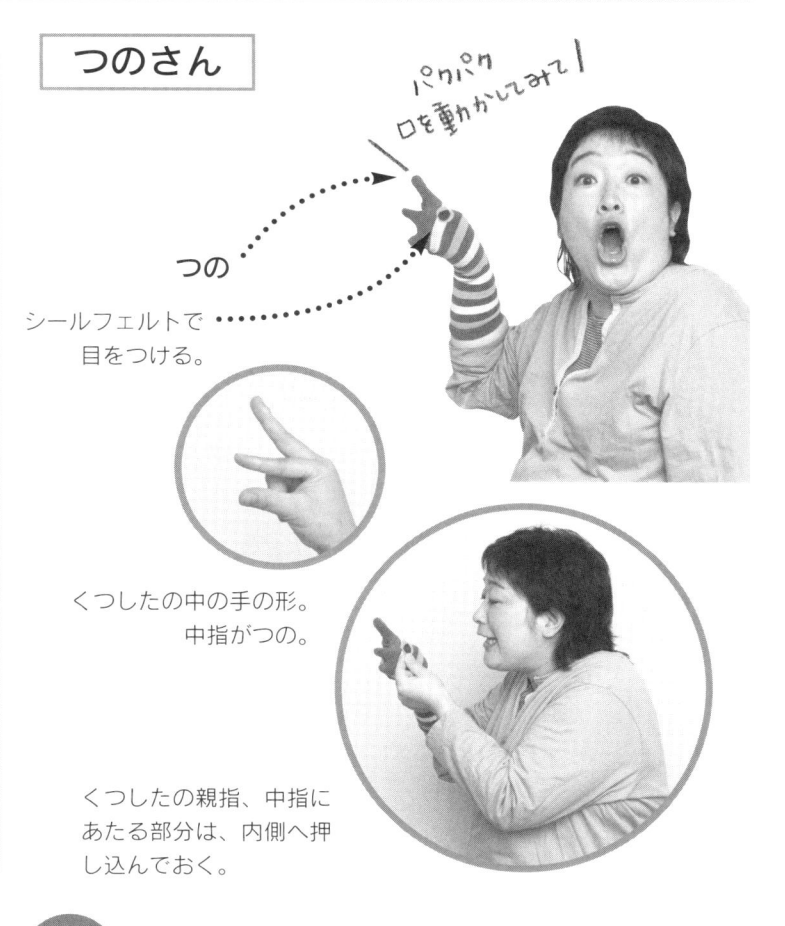

つのさん

パクパク口を動かしてみて

つの

シールフェルトで目をつける。

くつしたの中の手の形。中指がつの。

くつしたの親指、中指にあたる部分は、内側へ押し込んでおく。

くつした劇場 なんだこれもじゃ の巻

作・演出 ケロポンズ

①
ナレーション「ある日、もじゃろうくんがお散歩をしていました」
もじゃろう「もじゃ〜、わたしはもじゃろうです。お散歩お散歩、も〜じゃもじゃ♪」

②
もじゃ「おや、あなたは誰もじゃ？」
つの「つのですよ、おひさしぶりです」
もじゃ「いやぁ、おひさしもじゃ。いっしょにお散歩しましょうもじゃ」

③
つの「おや、誰かな？」
こぶ「こぶこぶ、ペロリ。はっはっは」
もじゃ「あ、こぶさんだもじゃ。いっしょにお散歩しましょうもじゃ」

④
つの「ん？ これはなんだろう？」
こぶ「地面にこんもりみどりのお山だ」
もじゃ「むむむ、はじめて見たなぁ。なんだこれもじゃ？」

⑤
もじゃ「ひっぱってみようもじゃ」
ナレーション「すると、むく、むくむく、むくむくむく……。みどりの不思議なお山が、上へ上へとぐんぐん伸びていきます」

[みどりの山から花のしかけ]
タイツに手を入れたまま、花びら代わりのスカーフを握り、手を引っ込め、握ったところを輪ゴムで留めておく。
花を咲かせるときは、タイツに入れた手を少しずつ伸ばし、花を咲かせよう。

⑥
つの「ひとりでに伸びていく〜」
こぶ「なんと、これはおどろきです、ペロリ」
もじゃ「なんだもじゃ〜！！」
ナレーション「みどりのお山はどんどん伸びて、もじゃろうくんやつのさんやこぶさんよりも背が高くなったかと思ったら、パッと花が咲きました」
もじゃ・つの・こぶ「わっ、きれいなお花〜。みんなでお散歩してよかったね」
ナレーション「おしまい」

つくってあそぼう

魔法使いあそび

魔法使いに変身して、魔法使いの訓練をして……。
さて、誰に魔法をかけちゃおうかな！

魔法の薬
いろんな食べものをびんの中で混ぜるだけ。においのきついものは、避けておいたほうがいいかも。

魔法のぼうし
タイツをすっぽりかぶるだけ。

魔法使いにへんしーん!!

魔法の杖
新聞紙やチラシを丸めて筒にして、先端に切り込みを入れて広げる。毛糸や色紙で飾りをつけてもいい。

魔法のほうき
木の棒などの先に、ドライフラワーやススキをひもで巻きつける。

これは、アップルミントを乾燥させたもの。

魔法使いのマーク
シールフェルトを好きな形に切って、顔や服にペタリ。

68

呪文をつくって魔法をかけよう

眠くなる呪文、おなかがすく呪文など、おもしろいことばを集めて呪文を考える。みんなで魔法をかけっこして、腕を磨こう。

魔法のほうきで飛ぼう

誰がいちばん遠くまで飛べるか、高く飛べるか、競争！

つくってあそぼう

プレゼントをつくろう

羊毛やモール、毛糸を使って、小さなプレゼントをつくります。
かんたんなので、小さなひとと一緒につくってください。

羊毛でプレゼントづくり

用意するもの

羊毛、石けん水（石けんは薄め、温度はお風呂くらいがおすすめ）、洗面器、ゴムひも、針、など

つくりかた

まず、羊毛ボールをつくる。
羊毛ボールは、羊毛を適量手にとり、石けん水で湿らせながら、おだんごをつくる要領で両手でコロコロするだけ。次第に表面がフェルト化してくるので、好みの固さになるまでコロコロを続ける。
羊毛ボールに針でゴムひもを通せば、指輪や髪飾りのできあがり。

ふわふわで気持ちいいね
何をつくろうかなー

ケロちゃんからポンちゃんへ

ポンちゃんをイメージして、カラフルでボリュームたっぷりなブレスレットをつくったよ。気に入ってくれた？

気に入ったよケロちゃん！

ポンちゃんからケロちゃんへ

ときどき髪を結わえるケロちゃんに、髪飾りのプレゼント。おそろいで使える指輪もあるよ。素敵でしょ？

ポンちゃんありがとうっ

モールのかごの
プレゼントづくり

用意するもの
モール、毛糸、羊毛、はさみ

つくりかた

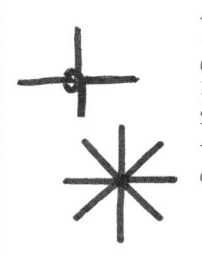

① モールを放射状に組む。交差させるとき、中心でくるっとひねる。これが骨組み。7〜8本使うのがおすすめ。

② 骨組みのモールのうち1本を、編み込んでいく。上下交互にくぐらせるのがポイント。

③ 編んだモールの先端に毛糸をくくりつけ、続けて編む。

④ 骨組みにカーブをつけ、形を整える。毛糸の色を変えたり、細くねじった羊毛を使ったりしても。

⑤ 骨組みのモールの先端は、最後にくるっとまるめる。

カラフルにしてみたよー

わっ 誰にあげるの？

小物入れにも便利だし、とってもかわいいでしょ！

できあがったかごに、持ち手をつけると、こんなふうになるよ。

つくってあそぼう

まくらをつくろう

お昼寝の時間、じぶんでつくったまくらや、大好きなひとがつくってくれたまくらなら、ものすごくいい夢を見ながら眠れそう……。

用意するもの

布、シールフェルト、刺しゅう糸（模様用）、針、糸、はさみ

布（まくら本体用）

中に詰めるもの（わた、そばがら、ハーブなど）

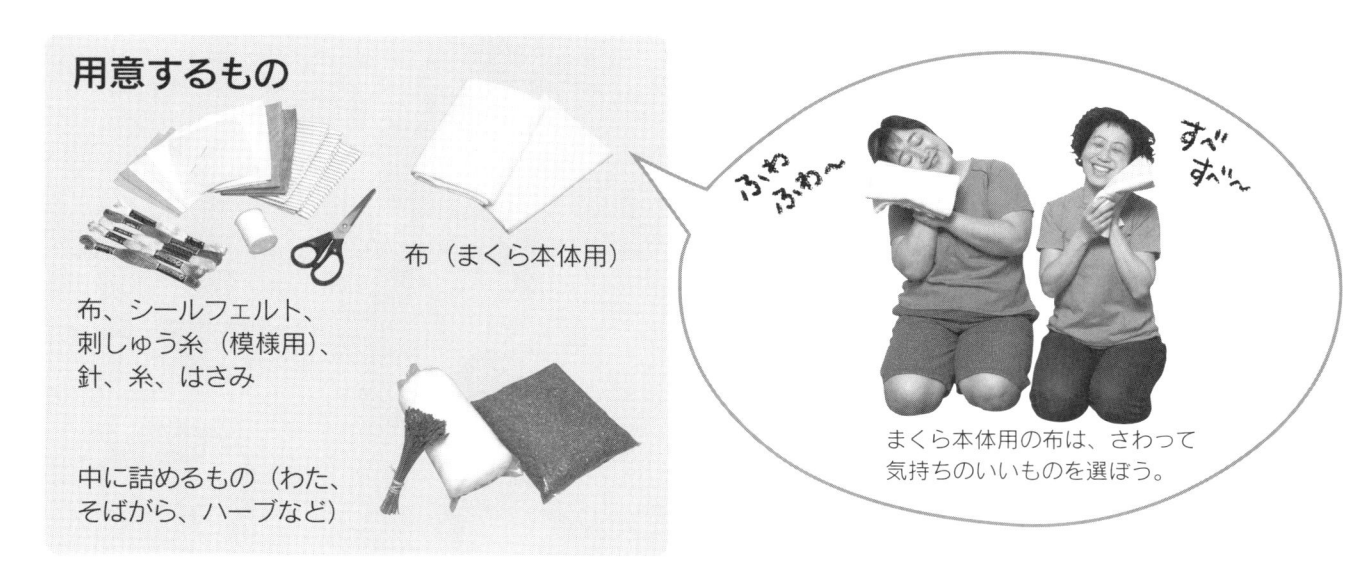

まくら本体用の布は、さわって気持ちのいいものを選ぼう。

1 模様をつけて、まわりを縫う。

小さく切った布やシールフェルトを貼ったり、刺しゅうをしたりして、好きな模様をつけ、まわりを縫い合わせる。このとき、中身を入れる穴を残しておくこと。

2 中に詰める

わたやそばがら、いいにおいの葉っぱなど、中身を詰めたら、穴を閉じて完成。

できあがり

おっきくてふわふわ○○ポンちゃんサイズのおひるねまくらのできあがり!!

アップリケと刺しゅうがポイント。あまった布でぬいぐるみもつくったよ!!

まくらができたら、のんびりと歌をうたいながら、おひるねおひるね。
すずしい風の吹くところ、ひんやりつめた〜い場所……。
さて、どこでねむりましょうか。

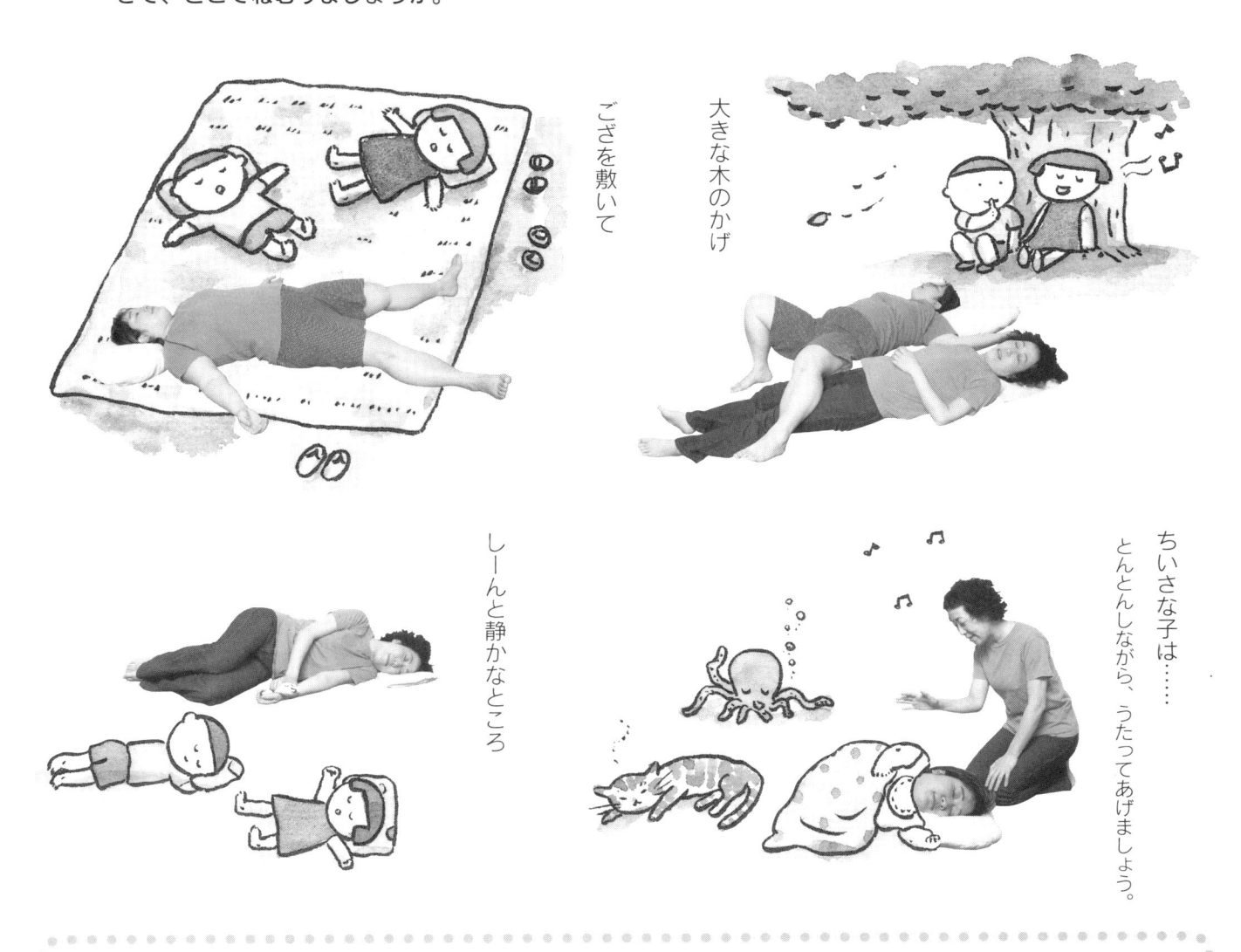

ござを敷いて

大きな木のかげ

しーんと静かなところ

ちいさな子は……
とんとんしながら、うたってあげましょう。

ひるねる

平田明子／作詞　増田裕子／作曲

たこもねる　ねこもねる　いぬもねる　ぼくもねる
ひるねるひるねる　ひるねる　ぱにゃぽこぱにゃぽこ　ねるねる

© 2004 by CRAYONHOUSE CULTURE INSTITUTE

つくってあそぼう

フレームであそぼう

ダンボールや厚紙でフレーム（枠）をつくろう。
フレームをいろいろなものに見立ててあそぼう。

用意するもの

ダンボールまたは厚紙、はさみ、カッター、マジック、絵の具、筆、パレット、バケツ、画用紙、色紙、のり、など

まず、真ん中を切りぬいて、フレームをつくるよ。

つぎに、つくったフレームに、色をぬったり、模様を貼りつけたりして飾るよ。

できあがり！

74

中の絵を探そう

フレームの中に入れる絵を探そう。
といっても、ほんものの絵を入れるんじゃないよ。
友だちの顔、公園の草花、街の景色などを、フレームを通して眺める、というわけ。

「ケロケロフレーム」
ケロちゃん作

鉢植えのサボテンをフレーム越しに見てみたら…。
なんだか1枚の絵みたい！

「カラフルフレーム」
ポンちゃん作

お鍋が入っていた箱の緩衝剤を使ってみたよ。ふふふ、顔がすっぽりはまったよ〜。

「ポンポンフレーム」
ポンちゃん作

近所の通り。見慣れた景色のはずなのに、不思議と知らない場所のよう……。

鏡ごっこ

フレームを鏡に見立てたあそび。
鏡の中のひとは、鏡を見ているひとと同じ動きができるかな？

✂ つくってあそぼう　フレームであそぼう

人形劇ごっこ

フレームを舞台にして人形劇をたのしもう。

> 人形は、ダンボールに描いた絵を切り抜き、裏面に割りばしを貼りつけ、もち手にする。

> 真ん中を切り抜くときに一辺だけ切り離さずに扉状にしておけば、幕代わりにも使えるよ。

ニュースごっこ

テレビみたいな立体的なフレームの中に入って、「さて、明日のお天気は……」なんて、ニュースキャスター気分で話しちゃおう。

> 組み立てたダンボールの底面を切り取り、テレビの画面のように一面を四角く切り抜く。色を塗ったり、スイッチをつけたりすると、本格的。

> 今日、うちのネコがお魚をくわえて帰ってきました。とってもおいしそうでした。

つくってあそぼう

ミュージックパネル 動物たいそう

絵人形が、動物のおもしろい動きをするよ。
みんなは、その動きをよーく見て、まねしてね！

動物たいそう

増田裕子／作詞　平田明子／作曲

1. ぼくは ごりら ウーホ ウホホ むねを たたかな
2. わたしは ねこ ニャーンと のびて やわら もーや
3. ぼくは きりん くびが ぐんと のびて はーや もーや
4. わたし うさぎ ピョンピョン ピョンピョンピョン はーや ラーや
5. ぼーくは ぞう ながい はなを ブラ ブラ
6. わたしは へび ニョロ ニョロ ロ やブラ わら
7. ぼーく は かめ ひっくり かえって バタ バタ

たくのが じまんです
いーのが じまんです
がいのが じまんです
はねるのが じまんです
させるのが じまんです
かいのが じまんです
するのが じまんです

セリフ (1〜7.) ♪みんなもやってみよう！

どう ぶつ たい そう　1.　2.　3.

(1) ウッ ホ ホ ウ ホ ウ ホ ホー
(2) ニャン ニャ ニャ ニャ ニャ ニャ ニャーン
(3) グン グ グ グ グ グ グーン
(4) ピョン ピョ ピョ ピョ ピョ ピョ ピョ ピョーン
(5) ブラ ブラ ブラ ブラ ブラ ブラーン
(6) ニョロ ニョロ ニョーロ ニョ ロ〜〜
(7) バタ バタ ノロ ノロ 〜〜

© 2006 by CRAYONHOUSE CULTURE INSTITUTE

✂ つくってあそぼう　動物たいそう

1

♪ ぼくはごりら　ウーホウホホ
　 むねをたたくのが　じまんです

♪ みんなもやってみよう！
　 どうぶつたいそう
　 1・2・3

絵人形を左右にふって、できるだけおもしろい動きが出るようにする。

ウッホホ　ウホウホ　ホーとうたいながら、絵人形のゴリラの動きをまねする。

2

♪ わたしはねこ　ニャーンと　のびて
　 やわらかいのが　じまんです

♪ みんなもやってみよう！
　 どうぶつたいそう
　 1・2・3

ねこがのびのびしている感じに動かす。

ニャンニャニャニャニャニャニャーンとうたいながら、絵人形のねこの動きをまねする。

3

♪ ぼくはきりん　くびがぐんと
　 とてもながいのが　じまんです

♪ みんなもやってみよう！
　 どうぶつたいそう
　 1・2・3

きりんのくびをもって、自慢げに動かす。

グン　ググググググーンと、うたいながら、キリンの動きをまねする。

4

♪ わたしはうさぎ ピョンピョンピョン……
　はやくはねるのが　じまんです

♪ みんなもやってみよう！
　どうぶつたいそう
　1・2・3

♪ ピョンピョピョ

♪ ピョピョピョピョピョーン

飛び跳ねているように動かす。

ピョン　ピョピョピョ
ョピョ　ピョ　ピョーン
と、うたいながらウサギ
の動きをまねる。

5

♪ ぼくはぞう　ながいはなを
　ブラブラさせるのがじまんです

♪ みんなもやってみよう！
　どうぶつたいそう
　1・2・3

♪ ブラ　ブラ　ブラ　ブラ　ブラーン

ゾウの首をブラブラゆらす。

ブラ　ブラ　ブラ
ブラ　ブラーンと、
うたいながらゾウの
動きをまねる。

6

♪ わたしはへび　ニョロ　ニョロロ
　やわらかいのが　じまんです

♪ みんなもやってみよう！
　どうぶつたいそう
　1・2・3

♪ ニョロ　ニョロ　ニョーロ　ニョロ～

絵人形をくねくね動かす。

ニョロ　ニョロ　ニョーロ　ニョロ～と、
うたいながらヘビの動きをまねる。

✂ つくってあそぼう　動物たいそう　×××××××××××××

7

♪ぼくはかめ　ひっくりかえって
　バタバタするのが　じまんです

♪バタ　バタ　ノロ　ノロ～

♪みんなもやってみよう！
　どうぶつたいそう
　1・2・3

絵人形のかめをひっくりかえして
ばたばたゆらす。

バタ　バタ　ノロ　ノロロ～と、うたいながら
カメの動きをまねする。

おわり

もっともっと、いろいろな動物を
登場させてあそびましょう。
わにでしょ、パンダでしょ、
ラッコちゃん……
楽しい、おもしろい動きをする動物は、
たくさんいます。

パネル舞台や絵人形のつくりかたは 94 ページ

うたおうケロポンズ

k「ケロポンズの、オリジナルソングのコーナーです」

p「今回は、新沢としひこくんと藤本ともひこくんに、作詞してもらった歌も
　載っているね」

k「そうです。いろんな人の詞にメロディーをつけるのって、おもしろいよ。
　ポンちゃんの詞には、ポンちゃんのメロディー。それぞれ違うメロディーが
　生まれてくるから不思議です」

p「そうか～。何はともあれ、そうやって生まれてきた歌たちは、みんなかわいいね」

k「うんうん。自分の子どもみたいなものだね」

p「ぜひぜひ、このかわいい歌たちをうたってみてけろぽん～♪」

うたおうケロポンズ

アフリカの

平田明子／作詞　増田裕子／作曲

アフリカの（アフリカ　の）ひ が の ぼ る（ひ が の ぼ る）
アフリカの（アフリカ　の）ひ が し ず む（ひ が し ず む）

サバンナの（サバンナ　の）あ さ や け だ（あ さ や け だ）
ぼーくらに（ぼーくら　に）よ る が き た（よ る が き た）

バオバブも（バオバブ　も）め を さ ま し て（め を さ ま し て）
ぞうたちも（ぞうたち　も）め を と じ て（め を と じ て）

たいように（たいよう　に）う た う の さ（う た う の さ）
しーずかに（しーずか　に）う た う の さ（う た う の さ）

アフリカの 日がのぼる
サバンナの あさやけだ
バオバブも 目をさまし
太陽に うたうのさ
ウオー ウオー
きょうは
どんなぼくにあえる
きみにあえる
ワクワクするね

アフリカの 日がしずむ
ぼくらに 夜がきた
ぞうたちも 目をとじて
しずかに うたうのさ
ウオー ウオー
きょうは
どんなぼくにあえる
きみにあえる
ワクワクするね

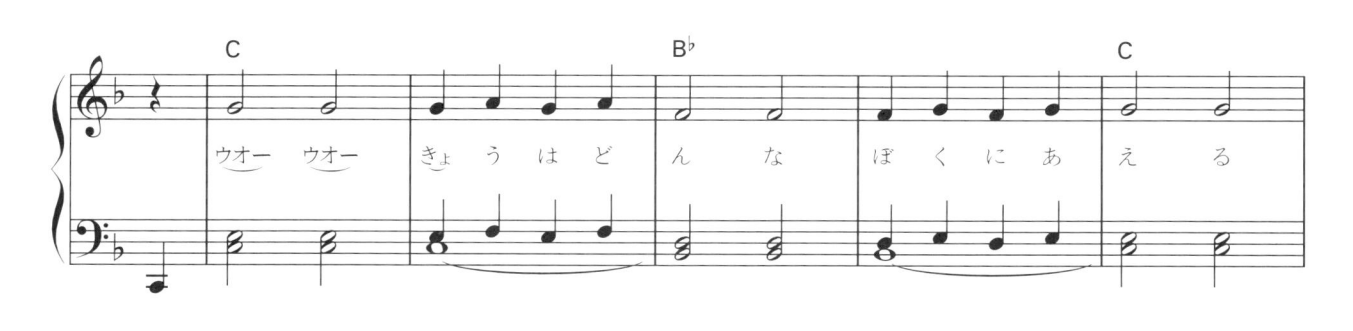

© 2006 by CRAYONHOUSE CULTURE INSTITUTE

うたおうケロポンズ

てをつないで

藤本ともひこ／作詞　増田裕子／作曲

ほんとうは だれ と でも てを つないで あるきた い
いつだって どこ だ って てを つないで あるきた い

ゆうぐれの ほし を みて どこ までも あるきた い
なみのおと きき な がら どこ までも あるきた い

ちいさなて おお き なて いろ んなてが あるけれ ど
うれしくて かな し くて いろ んなときあるけれ ど

つないでる それ だ け で ここ ろがやわらかくな る は
ここにきて そば に いて てを つないでたしかめ る は

ほんとうは　だれとでも　てをつないで　あるきたい
ゆうぐれの　ほしをみて　どこまでも　あるきたい
ちいさなて　おおきなて　いろんなてが　あるけれど
つないでる　それだけで
こころが　やわらかくなる

※はずかしがらないで
あなたと　てをつないで
ゆうきをだして
あるきはじめよう

だれだって　こどものころ
てをつないで　あるいてた
いまだって　おそくない
てをつないで　あるこうよ

なみのおと　ききながら
どこまでも　あるきたい
うれしくて　かなしくて
いろんなとき　あるけれど
ここにきて　そばにいて
てをつないで　たしかめる

※くり返す

だれだって　こどものころ
てをつないで　あるいてた
いつまでも　いつまでも
てをつないで　あるこうよ

うたおうケロポンズ

きらきら

新沢としひこ／作詞　増田裕子／作曲

きがつけばあしもとに ちいさな はながさ
はなびらをふるわせて ちいさな はながう

いーてーいた このよにさい たばかりのー ちい
たーってる このよにさく よろこびをー いの

さな ちいさーな はなだった きみはー きらきら
ち あるこーとの しあわせを きみはー きらきら

しーてるねー きみはー ちいさな うちゅうだねー
しーてるねー きみはー かがやく みらいだねー

気がつけば 足もとに
小さな花が 咲いていた
この世に咲いたばかりの
小さな 小さな 花だった

きみは きらきらしてるね
きみは 小さな宇宙だね
そこに咲いてる それだけで
きらきらと まぶしい
きらきら きらきら……

花びらを ふるわせて
小さな花が 歌ってる
この世に咲くよろこびを
いのちあることの 幸せを

きみは きらきらしてるね
きみは かがやく未来だね
そこでゆれてる それだけで
きらきらと まぶしい
きらきら きらきら……

© 2006 by ASK MUSIC CO.,Ltd.

うたおうケロポンズ

かえるソング

新沢としひこ／作詞　増田裕子／作曲

（歌詞）

とおくの おそらで おゆうやけ が
まあるい おいけを ひさま まるい

さよならの オレンジ いろになる
おやすみの むらさき いろにす る

あしたは ひとあめ ふるだろ か
あしたは がんばり すぎるな よ

かえるが ケロロ と つぶやい た
かえるが ポチャン と とびこん だ

とおくのお空で　おひさまが
さよならの　オレンジ色になる
「あしたは　ひと雨ふるだろか」
かえるがケロロと　つぶやいた
わたしも　かえろ
おうちに　かえろ
やさしい　夜が　待っている
わたしも　かえろ
やさしいわたしに　かえりたい

まあるいお池を　夕焼けが
おやすみの　むらさき色にする
「あしたは　がんばりすぎるなよ」
かえるがポチャンと　とびこんだ
わたしも　かえろ
おうちに　かえろ
わたしにも　かえる場所がある
わたしも　かえろ
やさしいわたしに　かえろ

わたしも　かえろ
おうちに　かえろ
やさしい　夜が　待っている
わたしも　かえろ
ひとりのわたしに　かえりたい

さよならのうた

うたおうケロポンズ

増田裕子／作詞　平田明子／作曲

いつもとおんなじ あさ　まどをあけ あげて
いつもとかわらぬ きょう そらをみ あげて

みどりのかぜをす って さよ ならのときがき た
まぶしいひかりあ びて おわ かれのときがき た

であえたこと うれしかった きみをわすれな い
いっしょにいて たのしかった おもいでをむね に

さよならさよなら きっ とまた あえるひーまー でね
さよならさよなら ずっ とげん きでーいてー ね

© 2006 by CRAYONHOUSE CULTURE INSTITUTE

いつもとおんなじ　朝
窓をあけて
みどりの風をすって
さよならのときがきた

出会えたこと
うれしかった
きみを忘れない
さよなら　さよなら
きっと
また会える日まで

いつもと変わらぬ　今日
空を見上げ
まぶしい光あびて
おわかれのときがきた

いっしょにいて
たのしかった
思い出をむねに
さよなら　さよなら
ずっと
元気でいてね

ラテンバージョン

上半身がピラピラ。明るい太陽のような衣装です。
ピラピラのアイロン掛けがちょっと大変!?

こがねむしバージョン

往年のピンクレディを彷彿させる衣装（←どこがじゃ）。
ギラギラのラメった緑色にケロも大喜び。

特別付録 Keropon'sファッションSHOW

ケロポンズのオリジナル衣装の数々。
全部手づくりです。すてきでしょ!?
普通とちょっと違うのが
似合っちゃうの（笑）。
季節に合わせて、ふたりのイメージ
ぴったりの楽しい衣装。
コンサートでみてみてけろぽ〜ん！

衣装製作/ささめやあや・山口サトコ

スイカバージョン

大きいスイカと小さいスイカ。
ケロちゃんの「K」ポンちゃんの「P」の
マークが光ってます。

お正月バージョン

ケロちゃんの頭の上には羽子板の羽根と鏡餅があしらわれています。ポンちゃんの羽織袴姿。おすもうさんみたいで似合いすぎ（笑）。

クリスマスバージョン

赤いマントと雪を思わせる純白の衣装。実はあたたかい生地なので、ステージではポンちゃん、汗だくです。

かえるバージョン

ケロちゃんはブルマー好き。
ポンちゃんはつなぎ好き。
カエルの帽子で
ごきげんケロポンズ！

ミュージックパネルの基本

ミュージックパネルの基本道具

Pペーパー
絵人形を作る不織布

油性フェルトペンで輪郭をとり、ポスターカラーで色をぬる。

パネル布（ネル地）
パネル舞台用

パネル布が手に入りにくい場合は、ネル地でもよい。ただし、パネル布のほうが、Pペーパーがよくくっつく。

イーゼル
パネル舞台をたてかける

パネル舞台がすこし傾斜するように、角度をつけて立てる。イーゼルがないときは。壁に立てかける、移動式黒板に立てかける、など、工夫する。

スチレンボード（ダンボール）
パネル舞台用

発泡スチロールの板。このボードに、パネル布をかぶせて舞台にする。厚さは7mmくらいがよい。画材屋で売っている。手に入らない場合は、ダンボールで代用してもよい。どのくらいの大きさでもいいが、110cm×80cmくらいが、使いやすい。

これらのほかに必要なもの ガムテープ・はさみ・油性フェルトペン・ポスターカラー・絵筆

パネル舞台の作り方

パネル布のしわを伸ばして広げ、スチレンボードを置く。

パネル布を引っぱりながら、ガムテープで仮止めをする。

たるみがないかを確かめ、しっかりと本止めする。

白のガムテープを使うと、仕上がりがきれいに見える。

イーゼルに立てかけて、**パネル舞台のできあがり**

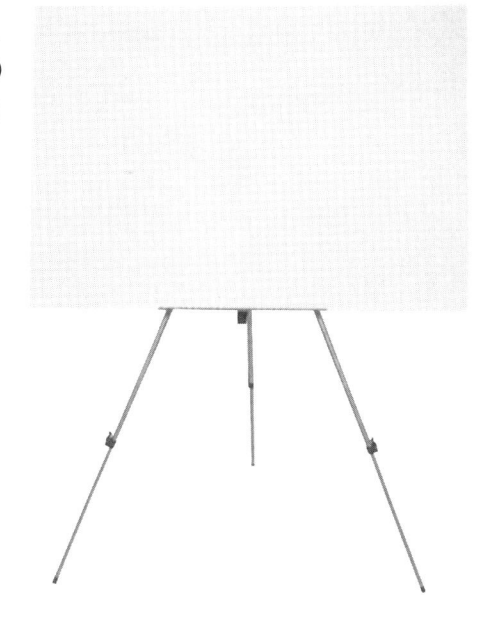

絵人形の作り方

白い紙に、鉛筆で下描きする。

下描きを、油性フェルトペンでなぞる。こうすると、Pペーパーに写しやすい。

油性のフェルトペンでPペーパーに描き写す。

まわりに5mmくらいの余白を残して、切る。

ポスターカラーで色をつける。

色をつけて、見えにくくなった輪郭線などを、もう一度、油性フェルトペンで、なぞる。

できあがり

まわりに余白を残して切るのは、輪郭をはっきり見せるためと、絵人形を折れにくくするためです。

ケロポンズのあそびネタ3

2006年3月　第1刷
2008年3月　第2刷

著者 ◆ ケロポンズ
表紙 ◆ 100％ORANGE
表紙&本文デザイン ◆ 小久保美由紀
写真 ◆ 田中亜人
本文イラストレーション ◆ 相野谷由起
楽譜浄書 ◆ 石原楽譜
編集 ◆ 松沢清美

発行 ◆ カエルちゃん
〒180-0004　東京都武蔵野市吉祥寺本町2-12-3-202
tel　0422-22-9004　fax　0422-22-9045
E-mail　kaeruchan@kaeruchan.net
URL　http://www.kaeruchan.net

発売 ◆ クレヨンハウス
〒107-8630　東京都港区北青山3-8-15
tel　03-3406-6372　fax　03-5485-7502

印刷・製本 ◆ (株)ユー・エイド

©ケロポンズ

ISBN978-4-86101-048-4
日本音楽著作権協会（出）　許諾 第0601590-601号

初出『月刊クーヨン』（クレヨンハウス刊）
2004年4月号〜2006年3月号連載「ケロポンズのあそびネタ」

編集内容に関するお問い合わせはカエルちゃんオフィスまで。
乱丁、落丁本はクレヨンハウス販売部までお送りください。
送料小社負担でおとりかえいたします。

本書の一部または全部を、無断で転載・放送することは、
著作権法上の例外を除いて、禁じられています。